国学经典读本

陈　成／译注

山海经

下

上海古籍出版社

卷五 中山经

中 山 经

【题解】《五藏山经传》卷五："此经志冀州全境诸山也。冀州，帝都所在，故中经先之。"

中1-1中山经薄山①之首，曰甘枣之山②。共水③出焉，而西流注于河。其上多枏木④，其下有草焉，葵本而杏叶，黄华而荚实，名曰箨⑤，可以已瞢⑥。有兽焉，其状如𤟤⑦鼠而文题，其名曰䖘⑧，食之已瘿⑨。

【注释】①薄山，《五藏山经传》卷五："薄同亳，一作'蒲'。中条山自河曲而东北属于太行，总曰薄山。其首则亳清河东源所出是也。" ②甘枣之山，吕调阳谓即亳山，在北3-13。 ③共水，《五藏山经传》卷五："共，亳清河，象拱立形也。" ④枏木，参见西1-7注①。 ⑤箨，音tuò。 ⑥瞢（méng），眼睛看不清东西。 ⑦𤟤，独的古字。 ⑧䖘，音nuó。 ⑨瘿，参见西1-15注⑧。

䖘

【译文】《中山经》薄山一组，第一座是甘枣山。共水在这里发源，向西流注入河。山上有许多杻木，山下有草，根像葵，叶子像杏，花是黄色的，而果实是豆荚一类的，名字叫箓，可以治疗眼睛看不清东西。有一种兽，形状像蚑鼠，额头有花纹，名字叫鸘，吃了可以治疗肿块。

中1-2又东二十里，曰历儿之山①，其上多橿②，多枥③木，是木也，方茎而员叶，黄华而毛，其实如拣④，服之不忘。

【注释】①历儿之山，《五藏山经传》卷五："山在今横岭关。"　②橿，参见西1-7注①。　③枥，音lì。　④拣，"楝"字之误。汪绂曰："楝木似槐子，如指头，色白而粘，可捣以浣衣，服之益肾。此服之不忘，谓令人健记，盖亦楝类也。或作'简'，非。"

【译文】再往东二十里，叫历儿山，山上有许多橿木，又有许多枥木，这种树茎是方的，叶子是圆的，黄色的花上有毛，果实像楝树子，吃了可以增强记忆力。

中1-3又东十五里，曰渠猪之山①，其上多竹。渠猪之水②出焉，而南流注于河。其中是多豪鱼，状如鲔③，赤喙尾，赤羽，可以已白癣。

豪鱼

【注释】①渠猪之山，《五藏山经传》卷五："山今名诸冯山，水曰沇水。"　②渠猪之水，《五藏山经传》卷五："猪，潴也，言潴伏潜流如渠也。其水东南历鼓钟上峡伏入石下，南至下峡而出，再伏再出，南入于河。其别源潜流地中，东出为济渎。"

③鲔，郭璞曰："鲔似鳣也。"参见东3-6注②。

【译文】再往东十五里叫渠猪山，山上有许多竹子。渠猪水在这里发源，向南流注入河。水中有许多豪鱼，形状像鲔，嘴、尾巴和鳍都是红色的，可以治疗白癣病。

中1-4 又东三十五里，曰葱聋之山①，其中多大谷，是多白垩，黑、青、黄垩②。

【注释】①葱聋之山，《五藏山经传》卷五："葱，聪通借字。聪聋即鼓钟上峡，悬洪五丈，飞流注壑，铿号之音壮猛枞耳。"②"是多"句，郭璞曰："言有杂色垩也。"参见西2-10注②。

【译文】再往东三十五里，叫葱聋山，山中有许多大谷，谷中多产白垩，兼产黑、青、黄垩。

中1-5 又东十五里，曰湋山①，其上多赤铜，其阴多铁。

【注释】①湋（wō）山，《五藏山经传》卷五："湋，水所委流也。山在上峡东南，有古冶官。"

【译文】再往东十五里，叫湋山，山上多产赤铜，山的北面多产铁。

中1-6 又东七十里，曰脱扈之山①。有草焉，其状如葵叶而赤华，荚实，实如棕荚，名曰植楮，可以已癙②，食之不眯③。

【注释】①脱扈之山，《五藏山经传》卷五："今岳神山濩泽水所出，其东南即金星山，有水东北流，合濩泽水及西北一水，又东如南甘水两源自北东流而合而南注之，又东南合桑林河东注

沁水，象扈脱而反顾鸣屌之形。扈、濩声同，因借作濩也。" ②瘲
（shǔ），瘘管。 ③眛，参见西4-15注③。

【译文】再往东七十里，叫脱扈山。山上有一种草，叶
子像葵，开红色的花，果实属豆荚一类，像棕榈的果实，名叫
植楮，可以治疗瘘管，吃了可以不做恶梦。

中1-7又东二十里，曰金星之山，多天婴，其状如龙
骨①，可以已痤。

【注释】①龙骨，郝懿行曰："《本草别录》云：'龙骨生晋
地川谷、及太山岩水岸土穴中死龙处。'"其所引述实际是古代某
些动物的化石，中医上用做强壮剂。

【译文】再往东二十里，叫金星山，山上有许多天婴，
形状像龙骨，可以治疗痤疮。

中1-8又东七十里，曰泰威之山①，其中有谷曰枭谷，
其中多铁。

【注释】①泰威之山，《五藏山经传》卷五："即鹿台山，桑
林河所出，东合濩泽水入沁。"

【译文】再往东七十里，叫泰威山，其中有山谷叫枭
谷，谷中多产铁。

中1-9又东十五里，曰橿谷之山①，其中多赤铜。

【注释】①橿谷之山，《五藏山经传》卷五："渠猪之东，沇
水东源所发，两源之间一水西南入鼓钟川，今谓之历山水也。"

【译文】再往东十五里，叫橿谷山，山中多产赤铜。

中1-10又东百二十里，曰吴林之山[①]，其中多蒢草[②]。

【注释】①吴林之山，《五藏山经传》卷五："吴同虞。虞林，今济源县西虎岭也。" ②蒢（jiān），郭璞曰："亦菅字。"郝懿行曰："蒢乃香艸，郭注以蒢为菅字，菅乃茅属，恐非也。"

【译文】再往东一百二十里，叫吴林山，山中有许多蒢草。

中1-11又北三十里，曰牛首之山[①]。有草焉，名曰鬼草，其叶如葵而赤茎，其秀如禾，服之不忧。劳水[②]出焉，而西流注于潏水[③]。是多飞鱼，其状如鲋鱼[④]，食之已痔衕[⑤]。

【注释】①牛首之山，《五藏山经传》卷五："山在浮山县南，王屋之西。牛首犹云龙角也。" ②劳水，《五藏山经传》卷五："涝水与潊水并西北流合彭水，象劳者疾趋曳带之形。"
③潏（jué）水，《五藏山经传》卷五："又西北受杨村河而西与潚水会，水自南来直北注劳水如聿也。（古文聿象手持笔形，亦作聿，从肉声，篆讹作潏。）" ④鲋鱼，参见南3-9注④。 ⑤痔衕，又作痔漏，肛瘘的通称。

飞鱼

【译文】再往北三十里，叫牛首之山。有一种草，名叫鬼草，叶子像葵，茎是红色的，像禾类植物一样开花抽穗，吃了它可以消除忧郁。劳水在这里发源，向西流注入潏水。这里有许多飞鱼，形状像鲋鱼，吃了它可以治疗肛瘘。

中1-12又北四十里,曰霍山①,其木多榖②。有兽焉,其状如狸,而白尾有鬣,名曰朏朏③,养之可以已忧。

朏朏

【注释】①霍山,《五藏山经传》卷五:"霍,暴雨声也,豆谓之霍,旋磨如暴雨声也。此山及平阳永安之霍山,皆有潭水泛转如旋磨也。"②榖,参见南1-1注⑦。③朏,音fěi。

【译文】再往北四十里,叫霍山,那里树木多榖树。有一种兽,形状像狸,尾巴是白色的,颈部有鬣毛,名叫朏朏,饲养它可以消除忧郁。

中1-13又北五十二里,曰合谷之山①,是多薝棘②。

【注释】①合谷之山,《五藏山经传》卷五:"在杀虎口。"②薝(zhān)棘,郝懿行曰:"《本草》云:'天蘽冬一名颠棘。'即《尔雅》'髦,颠棘'也。薝,《玉篇》云:'丁敢切。'疑薝、颠古字或通。"

【译文】再往北五十二里,叫合谷山,这里有许多薝棘。

中1-14又北三十五里,曰阴山①,多砺石②、文石③。少水出焉,其中多雕棠,其叶如榆叶而方,其实如赤菽④,食之已聋。

【注释】①阴山,《五藏山经传》卷五:"今晋祠泉所发,在太原县南。"②砺石,参见西4-19注⑦。③文石,参见西4-3注

②。　④赤菽，赤小豆。

【译文】再往北三十五里，叫阴山，山上有许多砺石、文石。少水在这里发源，这里有许多雕棠，叶子像榆树叶但是方的，果实像赤小豆，吃了可以治疗耳聋。

中1-15又东北四百里，曰鼓镫之山①，多赤铜。有草焉，名曰荣草，其叶如柳，其本如鸡卵，食之已风。

【注释】①鼓镫之山，《五藏山经传》卷五："今灵丘县西之团山及鼓子山也。"

【译文】再往东北四百里，叫鼓镫山，山上多产赤铜。有一种草，名叫荣草，叶子像柳叶，根茎像鸡蛋，吃了可以治疗风症。

凡薄山之首，自甘枣之山至于鼓镫之山，凡十五山，六千六百七十里。历儿，冢也，其祠礼：毛，太牢之具①；县②以吉玉。其馀十三山者，毛用一羊，县婴③用桑封，瘗而不糈。桑封者，桑主④也，方其下而锐其上，而中穿之加金⑤。

【注释】①具，酒食，这里指祭献的食物。　②县，音xuán。郭璞曰："县，祭山之名也，见《尔雅》。"　③婴，疑是祭名，已见《东次二经》末段注②。若以此推论，则此处"县"、"婴"为并列的两件事。　④桑主，袁珂曰："江绍原《中国古代旅行之研究》第一章注⑩谓经文'桑封'系'藻珪'之误，桑主即藻玉，婴系以玉献神之专称。其说近是，可供参考。"今人多从其说。又汪绂以为"封"当作"卦"，卦同圭，所谓桑封就是桑圭，也就是用桑木做成的圭形神主。"上尖下方"是古代玉器圭的形状，见《西山经》末段注⑧，而主、圭二字又形似，所以各家猜测结果类似，但所谓桑封究竟是何物，终究不得而详。 ⑤加金，汪绂曰："饰以金也。"

【译文】薄山一组，从甘枣山到鼓镫山，一共十五座山，六千六百七十里。历儿山是众神之君，祭祀的礼仪为：毛物用太牢，县用吉玉。其余十三座山，毛物用一头羊，县、婴用桑封，只埋祭物而不用精米。桑封就是用桑木做的牌位，下面方、上面尖，中间穿产金属作装饰。

中次二经

【题解】《五藏山经传》卷五："此经所志，自孟津南行循伊水南岸诸山也。"

Ф2-1中次二经济山之首，曰煇诸之山①，其上多桑，其兽多闾②麋，其鸟多鹖③。

【注释】①煇诸之山，《五藏山经传》卷五："煇诸山在孟津县西，圈阜累累相属，今有员图寺，古谓之钩陈垒。" ②闾，参见北2-3注②。 ③鹖（hé），郭璞曰："似雉而大，青色有毛，勇健，斗死乃止。"

【译文】《中次二经》济山一组，第一座叫煇诸山，山上有许多桑，兽类多闾、麋，鸟类多鹖。

鹖

Ф2-2又西南二百里，曰发视之山①，其上多金玉，其下多砥砺②。即鱼之水③出焉，而西流注于伊水。

【注释】①发视之山，《五藏山经

传》卷五:"山在伊阙之南,西临广成泽。" ②砥砺,参见西4-19
注⑦。 ③即鱼之水,《五藏山经传》卷五:"《水经注》:'泽有
二水,北水出泽西南,迳杨志坞北与南水合;南水自泽西流迳陆浑
县南,又西北流屈而东迳杨志坞南,又北屈迳其坞东,又迳坞北合
北水同注老倒涧入于伊'其大形象人启视,又象鱼首。即,嗜,食
也。"

【译文】再往西南二百里,叫发视山,山上多产金、
玉,山下多产砥砺。即鱼水在这里发源,向西流注入伊水。

中2-3 又西三百里,曰豪山①,其上多金、玉而无草
木。

【注释】①豪山,《五藏山经传》卷五:"山在鲜水曲处之
北,广成泽之东南。"

【译文】再往西三百里,叫豪山,山上多产金、玉,但没
有草木。

中2-4 又西三百里,曰鲜山①,多金、玉,无草木。鲜
水出焉,而北流注于伊水。其中多鸣蛇,其状如蛇而四
翼,其音如磬,见则其邑大旱。

【注释】①鲜山,《五藏山经传》卷五:"山与豪山连麓。《水经注》谓之狼皋山,其水西北流,阳水自西南来入,屈而西南注伊,象鲜尾。"

【译文】再往西三百

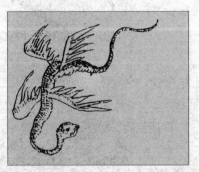
鸣蛇

里,叫鲜山,山上多产金、玉,没有草木。鲜水在这里发源,向北流注入伊水。水中有许多鸣蛇,形状像蛇,有四个翅膀,叫声像磬音,它的出现预示着地方上会遭遇大旱。

中2-5又西三百里,曰阳山,多石,无草木。阳水①出焉,而北流注于伊水。其中多化蛇,其状如人面而豺身,鸟翼而蛇行,其音如叱呼,见则其邑大水。

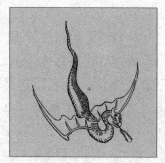
化蛇

【注释】①阳水,《五藏山经传》卷五:"阳水东北流,亦象形也。(动为阳,静为阴。)《水经注》谓之康水。"

【译文】再往西三百里,叫阳山,山上有许多石头,没有草木。阳水在这里发源,向北流注入伊水。水中有许多化蛇,形状长得面孔像人,身体像豺,翅膀像鸟,行动像蛇,叫声像人呼喝,它的出现预示着地方上将发大水。

中2-6又西二百里,曰昆吾①之山,其上多赤铜。有兽焉,其状如彘而有角,其音如号,名曰蠪蚳②,食之不眯③。

蠪蚳

【注释】①昆吾之山,《五藏山经传》卷五:"山在今嵩县东北二十馀里,伊水南,隔岸即伏流岭。"②蠪蚳,见东2-16。 ③眛,参见西4-15注③。

【译文】再往西二百里,叫昆吾山,山上多产赤铜。有一种兽,形状像野猪而有角,叫声像人哭号,名叫蠢蚳,吃了它的肉可以不做恶梦。

中2-7 又西百二十里,曰蔠山①,蔠水出焉,而北流注于伊水,其上多金、玉,其下多青雄黄②。有木焉,其状如棠③而赤叶,名曰芒草④,可以毒鱼。

【注释】①蔠山,《五藏山经传》卷五:“山在西南,《水经注》所误指为鲜山者也。其水北流合独苏山水东北注伊。” ②青雄黄,参见西2-14注②。 ③棠,参见西3-8注⑦。 ④芒草,又名蔄草、莽草。形状像石楠而叶稀,有毒。即木兰科植物狭叶茴香。

【译文】再往西一百二十里,叫蔠山,蔠水在这里发源,向北流注入伊水,山上多产金、玉,山下多产青雄黄。有一种树,形状像棠,叶子是红色的,名叫芒草,可以用来毒鱼。

中2-8 又西一百五十里,曰独苏之山①,无草木而多水。

马腹

【注释】①独苏之山,吕调阳校作“独鲋之山”,《五藏山经传》卷五:“鱼得水苏曰鲋,从禾,尾动如木折末也。伊水之义为死,唯近源处之鸢、交二水东北注伊,似鲜尾,故曰独苏。”

【译文】再往西一百五十里，叫独苏山，那里没有草木却有许多水。

ʾ2-9又西二百里，曰蔓渠之山①，其上多金、玉，其下多竹箭②。伊水③出焉，而东流注于洛。有兽焉，其名曰马腹，其状如人面虎身，其音如婴儿，是食人。

【注释】①蔓渠之山，《五藏山经传》卷五："伊水源西隔山曰葛蔓谷。其水北流入洛屈曲如蔓，谷中潜通伊源如柜泄流，故曰蔓渠。" ②竹箭，参见西1-7注④。 ③伊水，《五藏山经传》卷五："伊者，水形象死人，亦象蛇卧也。（古文作𡰪，案当作𡰠，人死似蛇卧也，从古死字，从己声。）"

【译文】再往西二百里，叫蔓渠山，山上多产金、玉，山下多竹箭。伊水在这里发源，向东流注入洛水。有一种兽，名叫马腹，长着人一样的面孔和虎一样的身体，叫声像婴儿啼哭，会吃人。

凡济山之首，自煇诸之山至于蔓渠之山，凡九山，一千六百七十里。其神皆人面而鸟身。祠用毛，用一吉玉，投而不糈。

【译文】济山一组，从煇诸山到蔓渠山，一共九座山，一千六百七十里。山神都是人面鸟身。祭祀用毛物，用一块吉玉，只是投到山上，不用精米。

人面鸟身神

中次三经

【题解】《五藏山经传》卷五："此经所志，巩、氾水、荥阳诸山也。"

中3-1中次三经萯山①之首，曰敖岸之山②，其阳多琈珸③之玉，其阴多赭④、黄金。神熏池居之。是常出美玉。北望河林⑤，其状如蒨⑥如举。有兽焉，其状如白鹿而四角，名曰夫诸，见则其邑大水。

夫诸

【注释】①萯（bèi）山，《五藏山经传》卷五："巩在洛东，东抵京索皆古东阳萯山地。《吕氏春秋》'夏后孔甲畋于东阳萯山'是也。" ②敖岸之山，《五藏山经传》卷五："敖山亦总号，而敖岸则临洛滨，《诗》曰'搏兽于敖'，《春秋传》曰'晋师在敖鄗之间'是也。敖、碻通，山多小石也。" ③琈珸，参见西1-4注⑤。 ④赭，参见北2-2注③。 ⑤《五藏山经传》卷五："河林在河内，今清化镇。" ⑥蒨（qiàn），汪绂曰："蒨，苍葱之貌；举，谓其林气之飞举也。"郝懿行曰："蒨，草也；举，木也。举即榉柳。"汪说比较牵强，但若以河林为地名，则郝说不可取。

【译文】《中次三经》萯山一组，第一座叫敖岸山，山的南面多产㻽琈玉，北面多产赭和黄金。名叫熏池的神住在这里。这里常出美玉。北面是河林，郁郁葱葱，朝气蓬勃。有一种兽，形状像白鹿，有四个角，名叫夫诸，它的出现预示着地方上会发大水。

中3-2 又东十里，曰青要之山①，实惟帝之密都。北望河曲②，是多驾鸟③。南望墠渚④，禹父之所化，是多仆累⑤、蒲卢⑥。魗武罗⑦司之，其状人面而豹文，小要而白齿，而穿耳以鐻⑧，其鸣如鸣玉。是山也，宜女子。畛水⑨出焉，而北流注于河。其中有鸟焉，名曰鴢⑩，其状如凫⑪，青身而朱目赤尾，食之宜子。有草焉，其状如葽⑫，而方茎、黄华、赤实，其本如槁本⑬，名曰荀草，服之美人色。

魗武罗

【注释】①青要之山，《五藏山经传》卷五："氾水自大魃山东北流，合正回水又北合畛水、潇潇水，又东北入河水，形似窥井者却手于要之状，而是山正当其要，故曰青要。（青，古文作𡆠，井上草也。）" ②河曲，《五藏山经传》

鴢

卷五："河水东北屈处。" ③驾鸟，郭璞曰："或曰驾宜为鴽，鴽鹅也。"鴽（gē），即野鹅，今名鸿雁。 ④墠（shàn），郭璞曰："水中小洲名渚。"《五藏山经传》卷五："墠渚即嵩渚正回之水所出，《水经注》所谓'东关水出嵩渚之山'也。" ⑤仆累，蜗牛。 ⑥蒲卢，郭璞认为即蜾蠃，蜾蠃科昆虫，又名细腰蜂。郝懿行认为是螺蛳一类。 ⑦魈武罗，郭璞曰："武罗，神名。魈即神字。" ⑧鐻（qú），郭璞曰："鐻，金银器之名，未详也。"郝懿行曰："《说文》以为虡或字，其新附字引此则作'璩'，云：'璩，环属也。'" ⑨畛（zhěn）水，《五藏山经传》卷五："水旁有数十石畦，畦有数野蔬，故畛水所由纳称矣。" ⑩鴢，音yǎo。 ⑪凫，野鸭。⑫荄，参见中1-10注②。 ⑬其本如槁本，郭璞曰："根似槁本，亦香草。"

【译文】再往东十里，叫青要山，是天帝的密都。北面是河曲，有许多驾鸟。南面是墠渚，是禹的父亲变化的地方，有许多蜗牛和蒲卢。名叫武罗的神主管这里，它长着人的面孔，有豹子般的花纹，腰身细小，牙齿很白，耳朵穿有耳环，叫声像鸣玉。这座山很适合女子。畛水在这里发源，向北流注入河。水中有鸟，名叫鴢，形状像野鸭，身体是青色的，眼睛是浅红色的，尾巴是红色的，吃了它的肉可以多生孩子。有一种草，形状像荄，茎是方的，花是黄的，果实是红的，根像槁本，名叫荀草，吃了它可以使人容貌美丽。

中3-3 又东十里曰骓山^①，其上有美枣，其阴有琈珚^②之玉。正回之水^③出焉，而北流注于河。其中多飞鱼，其状如豚而赤文，服之不畏雷，可以御兵。

【注释】①骓山，《五藏山经传》卷五："骓山即嵩渚之山，南连承云山，水象马人立也。" ②琈珚，参见西1-4注⑤。 ③正回之水，《五藏山经传》卷五："嵩渚山有泉发于层阜之上，一源两枝，分流泻注，东为素水，西为东关之水，西北流左纳杨兰水，又西北右合清水，乱流入氾注河，水形象人正旋一足前转之状，故名回。"

飞鱼

【译文】再往东十里，叫骓山，山上有美枣，山的北面产琈珚玉。正回水在这里发源，向北流注入河。水中有许多飞鱼，形状像猪而有红色花纹，吃了它可以不怕雷电，可以抵御兵灾。

中3-4 又东四十里，曰宜苏之山^①，其上多金玉，其下多蔓居之木^②。潇潇^③之水出焉，而北流注于河，是多黄贝^④。

【注释】①宜苏之山，《五藏山经传》卷五："茇苦谓之苏，为其拔而犹活，《尔雅》云'卷葹草拔心不死'是也。此山以土宜得名。" ②蔓居之木，郝懿行曰："《广雅》云：'牡荆，曼荆也。'曼，《本草》作蔓。此经'蔓居'疑'蔓荆'声之转；蔓荆列《本草》木部，故此亦云蔓居之木也。"参见西4-6注③。 ③潇，音yōng。 ④黄贝，参见西4-17注④。

【译文】再往东四十里，叫宜苏山，山上多产金、玉，山下有许多蔓居之木。滽滽水在这里发源，向北流注入河，这里有许多黄贝。

中3-5 又东二十里，曰和山①，其上无草木而多瑶碧②，实惟河之九都③。是山也五曲，九水出焉，合而北流注于河④，其中多苍玉⑤。吉神泰逢司之，其状如人而虎尾，是好居于萯山之阳，出入有光。泰逢神动天地气也。

【注释】①和山，《五藏山经传》卷五："和山即'中次五经'少陉之山，与騩山连麓。"见中7-14。　②瑶碧，参见西3-15注②。　③都，郝懿行曰："都者，潴也。"水流汇聚的意思。

泰逢

④ "九水"两句，《五藏山经传》卷五："索水两支凡九源，合东北流会济水而东入荥泽，又自济隧北注于河。"　⑤苍玉，参见西1-8注⑦。

【译文】再往东二十里，叫和山，山上没有草木而多产瑶碧，这是河水的九条支水汇聚的地方。这座山有五曲回旋，九水在这里发源，合并向北流注入河，水中多产苍玉。吉神泰逢是这里的主管，他长得像人，但有一条虎尾，喜欢住在萯山的南面，出入时会发光，那是泰逢的神灵触动天地之气所致。

凡萯山之首，自敖岸之山至于和山，凡五山，四百四十里。其祠泰逢、熏池、武罗，皆一牡羊副①，婴用吉玉。其二神用一雄鸡瘗之，糈用稌。

【注释】①副（pī），割裂、剖分。

【译文】萯山一组，从敖岸山到和山，一共五座山，四百四十里。祭祀泰逢、熏池、武罗，都用一头剖开的公羊，婴用吉玉。其馀两个神要埋一只雄鸡，精米用粳稻。

中次四经

【题解】《五藏山经传》卷五："此经所志，伊北洛南诸山也。"

ₒ4-1中次四经厘山之首，曰鹿蹄之山①，其上多玉，其下多金。甘水出焉，而北流注于洛，其中多洺石②。

【注释】①鹿蹄之山，《五藏山经传》卷五："鹿蹄山本作鹿台山，在今泽州阳城县。所出为扈泽水。甘泽自北注之，乃有扈之甘，不在河南。河南之甘即二经之即鱼水，出发视山，西流注伊水，形象口有所含，与有扈之甘同，故亦名甘，即周王子带之封邑，不出鹿蹄，亦不注洛也。经所指别是一山，在宜阳东北三十馀里，其山阴峻绝百仞，阳则原阜隆平，水发东麓，北流注于洛水，竟未审古为何名也。" ②洺石，郭璞曰："洺石，未闻也。洺或作'涂'。"郝懿行曰"洺当为泠。《西次四经》'号山多泠石'是也。郭云'洺或作涂'，涂亦借作泥涂字，泠又训泥，二字义同，故得通用。又涂或'淦'字之讹也，《说文》泠、淦同。"参见西4-8注②。

【译文】《中次四经》厘山一组，第一座叫鹿蹄山，山上多产玉，山下多产金。甘水在这里发源，向北流注入洛水,水中有许多泠石。

中4-2西五十里,曰扶猪之山①,其上多礝石②。有兽焉,其状如貉而人目,其名曰麐③。虢水④出焉,而北流注于洛,其中多瓀⑤石。

【注释】①扶猪之山,吕调阳校作"扶诸之山"。《五藏山经传》卷五:"扶,承也;诸,众也。山在故陆浑县西,虢略之南。"②礝(ruǎn),《石雅·辨疑》:"据经文道里,扶猪山在鹿蹄山西五十里,在箕尾山东三百二十里。经言鹿蹄山多泠石,箕尾山多涂石,其距地近者出石必相似,疑礝石亦其类也。郭璞曰:礝音奂。今雁门中出礝石,白者如冰,水中有赤色者。《玉篇》引此经作'瑌'。毕沅校正云:'礝、瓀均当为礝。'《说文》云:'礝,石次玉者。'是礝石之色与性并与滑石同。"参见西4-8注②。③麐,音yín。④虢水,《五藏山经传》卷五:"有七谷水南流,合而东逝,经县南与西北来之涓水会,又东会北来之慎望陂水东注于伊,其形似虢。"⑤瓀

麐

(ruǎn),郭璞曰:"言亦出水中。"郝懿行曰:"瓀亦当为礝。"

【译文】往西五十里,叫扶猪山,山上多产礝石。有一种兽,形状像貉,长着人的眼睛,名叫麐。虢水在这里发源,向北流注入洛水,水中多产瓀石。

中4-3又西一百二十里,曰厘山①,其阳多玉,其阴多

犀渠

蒐②。有兽焉，其状如牛，苍身，其音如婴儿，是食人，其名曰犀渠③。滽滽之水出焉，而南流注于伊水。有兽焉，名曰獭④，其状如獳犬⑤而有鳞，其毛如彘鬣。

【注释】①厘山，《五藏山经传》卷五："绩缕谓之厘。山在夫诸之南，温泉水南流象之，即滽滽之水也。"夫当作"扶"。②蒐（sōu），郭璞曰："茅蒐，今之蒨草也。"③郝懿行曰："犀渠盖犀牛之属也。"④獭，音xié。⑤獳（nòu），《说文》："獳，怒犬貌。"汪绂曰："獳，犬之多毛者。"未详所本。

【译文】再往西一百二十里，叫厘山，山的南面多产玉，北面多蒨草。有一种兽，形状像牛，身体青色，叫声像婴儿啼哭，会吃人，名字叫犀渠。滽滽水在这里发源，向南流注入伊水。有一种兽，名字叫獭，形状像獳犬但身上有鳞，毛像野猪的鬃毛。

中4-4 又西二百里，曰箕尾之山①，多谷②，多涂石③，其上多琈珼④之玉。

【注释】①箕尾之山，《五藏山经传》卷五："夫诸、厘山之东当伊水东北流环曲西北之处总曰箕山，而大章谷迫苦谷为箕山西南过峡，故曰箕尾。"夫当作"扶"。②谷，参见南1-1注⑦。③涂石，参见西4-8注②。④琈珼，参见西1-4注⑤。

【译文】再往西二百里，叫箕尾山，有许多榖树，又有许多涂石,山上多产瑂珇玉。

中4-5 又西二百五十里,曰柄山①,其上多玉,其下多铜。滔雕之水②出焉,而北流注于洛。其中多𪊏羊③。有木焉,其状如樗④,其叶如桐而荚实,其名曰茇,可以毒鱼。

【注释】①柄山,《五藏山经传》卷五:"柄之义犹尾也。山即五经之苦山。"见中7-4。 ②滔雕之水,《五藏山经传》卷五:"其水郦氏谓之库谷水,三川并发,合为一溪,东北流注于洛,洛水联伊水象雄,联涧瀍则象雕,库谷水象雕之爪,故曰雕滔也。"参见西4-10注①。 ③𪊏羊,参见西1-1注③。 ④樗,参见西1-8注③。

【译文】再往西二百五十,里叫柄山,山上多产玉,山下多产铜。滔雕水在这里发源,向北流注入洛水。其间有许多𪊏羊。有一种树,形状像樗,叶子像桐叶,果实属豆荚一类,名叫茇,可以用来毒鱼。

中4-6 又西二百里,曰白边之山①,其上多金、玉,其下多青雄黄②。

【注释】①白边之山,《五藏山经传》卷五:"盖葛蔓谷水屈如人负卧也。" ②青雄黄,参见西2-14注②。

【译文】再往西二百里,叫白边山,山上多产金、玉,山下多产青雄黄。

中4-7 又西二百里,曰熊耳之山①,其上多漆,其下多棕。浮濠之水出焉,而西流注于洛,其中多水玉,多人鱼②。有草焉，其状如苏而赤华，名曰葶苧③，可以毒鱼。

【注释】①熊耳之山，《五藏山经传》卷五："山在卢氏县南，《水经注》别名荀渠山。洛水自西北来，经县南折而东北，受西北之卢氏山水，又东北枝渎北出合高门水东南注之，黄亭溪水亦自北东南注之，象熊仰趺张足之状而荀渠水自南一源两分，一东北流，一西北流，折而东北并入于洛，当其曲处之西，故象熊耳。若合其东所受南岸三水视之，又象豪彘仰浮也。" ②人鱼，参见西1-8注⑧。 ③葶苧，音ding ning。

【译文】再往西二百里，叫熊耳山，山上有许多漆树，山下有许多棕树。浮濠水在这里发源，向西流注入洛水，其中多产水晶，又有许多人鱼。有一种草，形状像苏，花是红色的，名叫葶苧，可以用来毒鱼。

中4-8又西三百里，曰牡山①，其上多文石②，其下多竹箭、竹𥱩③，其兽多㸲牛④、羬羊⑤，鸟多赤鷩⑥。

【注释】①牡山，《五藏山经传》卷五："山即讙举东北支峰。" ②文石，参见西4-3注②。 ③竹箭、竹𥱩，参见西1-7注④。 ④㸲牛，参见南1-5注⑤。 ⑤羬羊，参见西1-1注③。 ⑥赤鷩，参见西1-4注⑥。

【译文】再往西三百里，叫牡山，山上多产文石，山下有许多竹箭、竹𥱩，兽类多㸲牛、羬羊，鸟类多赤鷩。

中4-9又西三百五十里，曰讙举之山①。雒水出焉，而东北流注于玄扈之水，其中多马肠之物②。此二山者，洛间也③。

【注释】①讙举之山，《五藏山经传》卷五："洛水上游自灵峪口以西曰玄扈水,东南流会八水入洛,象脱扈被绁之形。洛有二源,一出三要司西曰故县川,东北流会玄扈水,又东北折而东南与南源合。南源出南河司之西,当三要之南,曰桂仙岭,即讙举山,东北流经牡山,南会西源象讙举之形。"(讙举即牡象,与《中次十经》"仁举"义同。) ②马肠之物,未详。各家多以为即中2-9所说的马腹。 ③ "此二"两句,《五藏山经传》卷五:"经欲明玄扈为兹川正源,故曰注于玄扈,欲明洛有两源,故又曰此二山者洛间也。"

【译文】再往西三百五十里,叫讙举山。雒水在这里发源,向东北流注入玄扈之水,水中多马肠之物。这两座山把洛水夹在中间。

凡厘山之首,自鹿蹄之山至于玄扈之山,凡九山,千六百七十里。其神状皆人面兽身。其祠之,毛用一白鸡,祈而不糈,以采衣之①。

【注释】①以采衣之,郭璞曰:"以采饰鸡。"

【译文】厘山一组,从鹿蹄山到玄扈山,一共九座山,一千六百七十里。山神都是人面兽身。祭祀的礼仪为:毛物用一只白鸡,只祈祷而不用精米,白鸡要用彩色装点。

人面兽身

中次五经

【题解】《五藏山经传》卷五："此经所志,自上洛东绝大河达于齐东诸山也。"

中5-1中次五经薄山之首,曰苟床之山①,无草木,多怪石。

【注释】①苟床之山,《五藏山经传》卷五:"牡羊谓之苟。苟床象形。山在今洛南县西,名二义山,玄扈南源所发,其阳即丹河源也。"

【译文】《中次五经》薄山一组,第一座是苟床山,那里没有草木,有许多怪石。

中5-2东三百里,曰首山①,其阴多榖②、柞③,其草多茶④芫⑤,其阳多䃔珸⑥之玉,木多槐。其阴有谷,曰机谷,多䳙⑦鸟,其状如枭⑧而三目,有耳,其音如录⑨,食之已垫⑩。

【注释】①首山,《五藏山经传》卷五:"山为阆乡水所出也。" ②榖,参见南1-1注⑦。 ③柞,参见西1-13注③。 ④茶(zhú),郭璞曰:"茶,山蓟也。"泛指菊科术属植物。 ⑤芫,又名芫华，《急就篇》卷四："乌喙附子椒芫华。"颜师古注："芫华，一名鱼毒，渔者煮之以投水中，鱼则死而浮出，故以为名。"华同花，今名芫花，瑞香科植物。 ⑥璇珬，参见西1-4注⑤。 ⑦䰷，音dài。 ⑧枭，参见南3-10注④。 ⑨录，汪绂曰："录，刻木声。"郝懿行曰："盖鹿字假音。《玉篇》作'音如豕'。" ⑩垫，汪绂曰："下湿病。"

䰷鸟

【译文】往东三百里，叫首山，山的北面有许多榖树和柞树，草多茶芫，山的南面多产璇珬玉，树木多槐树。山北有谷名叫机谷，多䰷鸟，形状像枭，长着三只眼，有耳朵，叫声像录，吃了它可以治疗下湿病。

中5-3 又东三百里，曰县斸之山①，无草木，多文石②。

【注释】①县斸（zhú）之山，《五藏山经传》卷五："山在灵宝县西弘农河口。斸，曲柄钼，形似仰末，柄上有横以便推，胡下有植以便息。" ②文石，参见西4-3注②。

【译文】再往东三百里，叫县斸山，那里没有草木，多产文石。

中5-4 又东三百里，曰葱聋之山①，无草木，多㼮石②。

【注释】①葱聋之山，《五藏山经传》卷五："即上文葱聋。"见中1-4。 ②㼮石，毕沅曰："㼮当为珤，《说文》云：'石之次玉者。'"《石雅·色金》："邽石即封石，正字当为珤。"参见中10-2注④。

【译文】再往东三百里，叫葱聋山，那里没有草木，多产㼎石。

中5-5东北五百里，曰条谷之山①，其木多槐、桐，其草多芍药、虋冬②。

【注释】①条谷之山，《五藏山经传》卷五："莱芜谷也。"②虋（mén），同虋，郝懿行《尔雅义疏》"虋冬"条下曰："虋冬，天门冬。""《释文》又误为麦门冬也。"天门冬、麦门冬都是百合科植物，麦门冬一名沿阶草。

【译文】往东北五百里，叫条谷山，树木多槐和桐，草多芍药和虋冬。

中5-6又北十里，曰超山①，其阴多苍玉②，其阳有井，冬有水而夏竭。

【注释】①超山，《五藏山经传》卷五："自县厮逾河也。"②苍玉，参见西1-8注⑦。

【译文】再往北十里，叫超山，山的北面多产苍玉，山的南面有井，冬天有水，夏天枯竭。

中5-7又东五百里，曰成侯之山①，其上多檽木②，其草多芄③。

【注释】①成侯之山，《五藏山经传》卷五："今钜野县南南武山，古郕侯国所在，春秋时犹存。" ②檽木，郭璞曰："似樗树，材中车辕。"郝懿行曰："《说文》云，杶，或作檽。即今'椿'字也。" ③芄，汪绂曰："蒲也。"

【译文】再往东五百里，叫成侯山，山上有许多櫔木，草多芁草。

中5-8又东五百里，曰朝歌之山①，谷多美垩②。
【注释】①朝歌之山，《五藏山经传》卷五："山在辉县西北苏门山之南。百门、卓陂二泉合西南流，受诸泉注丹水，象人寪而歌也。" ②美垩，参见西2-10注②。
【译文】再往东五百里，叫朝歌山，山谷中多产美垩。

中5-9又东五百里，曰槐山①，谷多金锡。
【注释】①槐山，《五藏山经传》卷五："莱芜南谷也。莱芜县在谷中。"
【译文】再往东五百里，叫槐山，山谷中多产金和锡。

中5-10又东十里，曰历山①，其木多槐，其阳多玉。
【注释】①历山，《五藏山经传》卷五："阌乡水东源所发也。《尸子》云'放牛马于历山'即此。"
【译文】再往东十里，叫历山，树木多槐树，山的南面多产玉。

中5-11又东十里，曰尸山①，多苍玉②，其兽多麖③。尸水出焉，南流注于洛水，其中多美玉。
【注释】①尸山，《五藏山经传》卷五："山在苟床之北，有小池，为玄扈正源所发。尸，象形也。" ②苍玉，参见西1-8注⑦。 ③麖（jīng），郭璞曰："似鹿而小，黑色。"毕沅曰："郭说非也。《尔雅》：'麖，大鹿。'《说文》云：'牛尾一角，或从京。'则此是大鹿。凡云'京',皆大也,郭义失之。"指鹿科动物马鹿或水鹿。

【译文】再往东十里叫尸山,山上多产苍玉,兽类多麢。尸水在这里发源,向南流注入洛水,水中多产美玉。

中5-12又东十里,曰良馀之山①,其上多穀②柞③,无石。馀水④出于其阴,而北流注于河;乳水⑤出于其阳,而东南流注于洛。

【注释】①良馀之山,《五藏山经传》卷五:"山在太华东南,曰黄龙山。东与松果相接,山势东北走至潼关,属于河。"②穀,参见南1-1注⑦。 ③柞,参见西1-13注③。 ④馀水,吕调阳校"馀水"、"乳水"误倒,此"馀水"当是"乳水",《五藏山经传》卷五:"关南有潼水北流,贯关城注河,即乳水。潼亦乳也。一作'湩水',豆,古'乳'字也。" ⑤乳水,当作"馀水",《五藏山经传》卷五:"馀水,今板庙河,东南入玄扈水。"

【译文】再往东十里,叫良馀山,山上多有许穀树、柞树,没有石头。馀水在它的北面发源,向北流注入河;乳水在它的南面发源,而东南流注入洛水。

中5-13又东南十里,曰蛊尾之山①,多砺石②、赤铜。龙馀之水③出焉,而东南流注于洛。

【注释】①蛊尾之山,《五藏山经传》卷五:"谷之飞曰蛊,即螽斯淫惑之虫也。其尾向上,苇坪河南入玄扈水似之。" ②砺石,参见西4-19注⑦。 ③龙馀之水,《五藏山经传》卷五:"又受左右两水象龙尾,故曰龙馀。"

【译文】再往东南十里叫蛊尾山,多产砺石和赤铜。龙馀水在这里发源,向东南流注入洛水。

中5-14又东北二十里,曰升山①,其木多榖②、柞③、棘④,其草多藷萸⑤、蕙⑥,多寇脱⑦。黄酸之水⑧出焉,而北流注于河,其中多琁玉⑨。

【注释】①升山,《五藏山经传》卷五:"勺谓之升,所以升酒于爵也。升山即钱耒山,弘农河象酒勺也。"见西1-1。 ②榖,参见南1-1注⑦。 ③柞,参见西1-13注③。 ④棘,参见北1-20注②。 ⑤藷萸,参见北3-10注③。 ⑥蕙,参见西1-14注⑨。 ⑦寇脱,郭璞曰:"寇脱草生南方,高丈许,似荷叶而茎中有瓤,正白,零、桂人植而日灌之以为树也。"即五加科植物通脱木,其干燥茎髓称通草,可入药。 ⑧黄酸水,《五藏山经传》卷五:"黄酸水即弘农河。" ⑨琁玉,郭璞曰:"石次玉者也。"参见荒西-11注⑤。

【译文】再往东北二十里,叫升山,树木多榖树、柞树和棘,草多藷萸和蕙,又有许多寇脱。黄酸水在这里发源,向北流注入河,水中多产琁玉。

中5-15又东十二里,曰阳虚之山①,多金,临于玄扈之水②。

【注释】①阳虚之山,《五藏山经传》卷五:"阳虚即阳华,其主峰卢灵关之大圣山也。" ②玄扈之水,《五藏山经传》卷五:"玄扈水即杨水,为玄扈之最东源也。"

【译文】再往东十二里,叫阳虚山,山上多产金,紧挨着玄扈水。

凡薄山之首，自苟林之山至于阳虚之山，凡十六山，二千九百八十二里。升山，冢也，其祠礼：太牢，婴用吉玉。首山魁也，其祠用稌、黑牺、太牢之具、蘖酿①；干儛②，置鼓；婴用一璧。尸水，合天也③，肥牲祠之，用一黑犬于上，用一雌鸡于下，刉④一牝羊，献血。婴用吉玉，采之⑤，飨之。

【注释】①蘖（niè），生芽的谷类。蘖酿即用蘖酿制的甜酒。 ②儛，同舞。干，盾牌。干儛，一种武舞，舞者执干。 ③合天也，俞樾《读山海经》："初不解'合天'为何语，郭注曰'天神之所凭也'，亦望文生训耳。及观全书体例，乃知'尸水，合天也'犹云'尸水，帝也'。成公八年《公羊传》注：'德合天者称帝。'此必古义相传如此。《山海经》每有周秦人释语乱入经文者，毕氏校正本辄别出之。此经'合天'二字，亦周秦人释语之乱入经文者，而经文'帝'字转因之脱去，遂作'尸水，合天也'，义遂不可解矣。" ④刉（jī），切割。 ⑤采之，郭璞曰："又加以缯彩之饰也。"

【译文】薄山一组，从苟林山到阳虚山，一共十六座山，二千九百八十二里。升山是众山神之君，祭祀的礼仪为：用太牢，婴用吉玉。首山的山神是升山的臣属，祭祀：用粳稻、纯黑的牲畜、太牢之具、蘖酿的甜酒；要有配以鼓声的干儛；婴用一块璧。尸水，是天帝所在，用肥壮的牲畜祭祀，上面用一条黑狗，下面用一只母鸡，取一只母羊的血作为祭物。婴用吉玉，要彩饰装点，祭献给神灵。

中次六经

【题解】《五藏山经传》卷五："此经所志，洛北河南诸山也。"

中6-1中次六经缟羝山①之首，曰平逢之山②，南望伊、洛，东望谷城之山，无草木，无水，多沙石。有神焉，其状如人而二首，名曰骄虫，是为螫虫③，实惟蜂、蜜之庐④。其祠之：用一雄鸡，禳⑤而勿杀。

【注释】①羝，音dī。 ②平逢之山，吕调阳校作"乎逢之山"，《五藏山经传》卷五："乎，呼也；逢，行与蜂遇也。山在今洛阳城北瀍水西岸古谷水会瀍水处，谷城在水北，其西北山即瀍水所发也。"③螫虫，尾部有毒针可刺人的虫类的总称。 ④"实惟"句，郭璞曰："言群蜂之所舍集。蜜，赤蜂名。"⑤禳（ráng），除邪消灾的祭祀。

【译文】《中次六经》缟

骄虫

羝山一组，第一座是平逢山，南面是伊、洛二水，东面是谷城山，那里没有草木，没有水，有许多沙石。有山神长得像人，有两个头，名叫骄虫，属于螫虫一类，这里是蜂类的老巢。祭祀的礼仪为：一只雄鸡，只用来禳祭，不杀掉它。

中6-2西十里，曰缟羝之山①，无草木，多金玉。

【注释】①缟羝之山，《五藏山经传》卷五："古谷水合涧水东流注瀍，南入于洛，象羝首。东西二十里中无复小水，故象缟羝。"缟，白色；羝，公羊。

【译文】再往西十里，叫缟羝山，那里没有草木，多产金玉。

中6-3又西十里，曰廆山①，其阴多㻬琈②之玉。其西有谷焉，名曰雚谷，其木多柳、楮。其中有鸟焉，状如山鸡而长尾，赤如丹火而青喙，名曰鸰鹠③，其鸣自呼，服之不眯④。交觞之水出于其阳，而南流注于洛；俞随之水出于其阴，而北流注于谷水。

【注释】①廆（guī），《五藏山经传》卷五："陂水首受洛川于鹿蹄之西，西北流至娄涿山潴为西陂，又东出为东陂，又自陂南分枝东注洛为瞻水正枝，北流注于瞻渚为陂水。娄者，匍行，乍前乍却也。涿作豕，疾前也。瞻，仰两目也，上有俯之者也，又象蟾蜍形。瞻渚之水又导一枝东南注洛为漅水，象弓弦也。一枝东出为少水，象赤子溺也。少水东至廆山，分枝东南注洛，为交觞之水，一枝北注谷为俞随水。廆象屋上霝也，交觞似觞盖也。俞同瑜，即鹠；随借为唯，音虽。谷洛水象鸰雉，此水在其颈前，象雉鸣相和也。"②㻬琈，参见西1-4注⑤。③鸰鹠，音líng yáo。④眯，参见西

4-15注③。

鸲鹀

【译文】再往西十里,叫厜
山,山的北面多产琈珸玉。西面有
一个山谷,名叫蘁谷,树木多柳树
和楮树。有一种鸟,形状像山鸡,
尾巴很长,毛色火红,嘴是青色
的,名叫鸲鹀,它的名字是据自己
的叫声得来的,吃了它的肉可以不
做恶梦。交觞水从山的南面发源,
向南流注入洛水;俞随水在它的北
面发源,向北流注入谷水。

中6-4又西三十里,曰瞻诸之山①,其阳多金,其阴多
文石②。㴒③水出焉,而东南流注于洛;少水出其阴,而东
流注于谷水。

【注释】①瞻诸之山,参见中6-3注①。 ②文石,参见西
4-3注②。 ③㴒,音xiè。

【译文】再往西三十里,叫瞻诸山,山的南面多产金,
北面多产文石。㴒水在这里发源,向东南流注入洛水;少水
出从它的北面发源,向东流注入谷水。

中6-5又西三十里,曰娄涿之山①,无草木,多金玉。
瞻水出于其阳,而东流注于洛;陂水出于其阴,而北流
注于谷水,其中多茈石、文石②。

【注释】①娄涿之山,参见中6-3注①。 ②茈石、文石,参
见西4-3注②。

【译文】再往西三十里，叫娄涿山，那里没有草木，多产金、玉。瞻水从它的南面发源，向东流注入洛水；陂水从它的北面发源，向北流注入谷水，水中多产茈石、文石。

中6-6 又西四十里，曰白石之山①。惠水②出于其阳，而南流注于洛，其中多水玉。涧水③出于其阴，西北流注于谷水，其中多麋石、栌丹④。

【注释】①白石之山，《五藏山经传》卷五："山在今宜阳县西少西南，为昌涧水所出。" ②惠水，《五藏山经传》卷五："有陂水东南流迳故宜阳郡南而南入于洛，象车辖，故名惠。" ③涧水，《五藏山经传》卷五："北为孝水所出，即涧水，东北流注于谷水，南隔山即入洛诸水。其北隔山即纻麻涧，水在两山之间，故专称涧也。" ④栌（lú），郝懿行曰："麋石或是画眉石，眉、麋古字通也。栌丹疑即黑丹，栌、卢通也。"画眉石即石墨，参见西2-5注②。黑丹，黑色的丹砂，被古人视作祥瑞。

【译文】再往西四十里，叫白石山。惠水从它的南面发源，向南流注入洛水，其中多产水晶。涧水从它的北面发源，向西北流注入谷水，水中多产麋石、栌丹。

中6-7 又西五十里，曰穀山①，其上多穀②，其下多桑。爽水③出焉，而西北流注于谷水，其中多碧绿④。

【注释】①穀山，《五藏山经传》卷五："山在新安县南。" ②穀，参见南1-1注⑦。 ③爽水，《五藏山经传》卷五："其水郦氏谓之宋水，北流入谷。其西则石墨溪，东则纻麻涧，并东北流入谷。三水象牖櫺密之形，故曰爽，言视不明也。" ④碧绿，《石雅·色金》："碧即石青，绿即石绿，二者同类，亦每同处，故经兼及之欤。"参见西2-4注②。

【译文】再往西五十里，叫穀山，山上有许多穀树，山下有许多桑树。爽水在这里发源，向西北流注入谷水，水中多产碧绿。

ф6-8 又西七十二里，曰密山，其阳多玉，其阴多铁。豪水①出焉，而南流注于洛，其中多旋龟②，其状鸟首而鳖尾，其音如判木。无草木。

【注释】①豪水，《五藏山经传》卷五："豪水即《水经注》之五延水，误指为厌染之水者也。导源故宜阳县北山大陂，北流屈东南注于浴，象豪毚自俯屈处。上狭下广，又象堂也。（自庭视堂，则前狭后广。）密，堂墙之际也。" ②旋龟，即南1-4的玄龟。

【译文】再往西七十二里，叫密山，山的南面多产玉，北面多产铁。豪水在这里发源，向南流注入洛水，水中多旋龟，长有鸟一样的头和鳖一样的尾，叫声像剖木头。山上没有草木。

旋龟

ф6-9 又西百里，曰长石之山①，无草木，多金、玉。其西有谷焉，名曰共谷，多竹。共水出焉，西南流注于洛，其中多鸣石②。

【注释】①长石之山，《五藏山经传》卷五："鹈鹕两峰高崖云举，亢石无阶，故曰长石，黄亭溪水出其西，东南流至永宁县西入洛也。或曰长石，立制石也，山产此石，故名。" ②鸣石，参见西1-4注④。

【译文】再往西一百里，叫长石山，那里没有草木，多产金、玉。山的西面有山谷，名叫共谷，有许多竹子。共水在这里发源，向西南流注入洛水，水中多产鸣石。

〇6-10又西一百四十里，曰傅山①，无草木，多瑶碧②。厌染之水③出于其阳，而南流注于洛，其中多人鱼④。其西有林焉，名曰墦⑤冢。谷水⑥出焉，而东流注于洛，其中多珚⑦玉。

【注释】①傅山，《五藏山经传》卷五："高门水所发也。古教小学曰保，大学曰师，授书曰傅。从人从尃，执书以教人也，高门水合洛水枝津象之。" ②瑶碧，参见西3-15注②。 ③厌染之水，《五藏山经传》卷五："染，柔木之杪也。厌，挹也，亦象形。" ④人鱼，参见西1-8注⑧。 ⑤墦，音fán。 ⑥谷水，《五藏山经传》卷五："谷水出今渑池县西，曰英濠，在高门关之北，傅山之东北也。" ⑦珚，音yān。

【译文】再往西一百四十里，叫傅山，那里没有草木，多产瑶碧。厌染水在它的南面发源，向南流注入洛水，水中有许多人鱼。西面有树林，名叫墦冢。谷水在这里发源，向东流注入洛水，水中多产珚玉。

〇6-11又西五十里，曰橐山①，其木多樗②，多楢木③，其阳多金、玉，其阴多铁，多萧④。橐水出焉，而北流注于河。其中多修辟之鱼，状如黾⑤而白喙，其音如鸱，食之已白癣。

【注释】①橐山，《五藏山经传》卷五："今青龙河所出之明山也。其水西北流入河，西六十里曰乾山，乾头河东北入河，两水象橐无底之形。河北即平陆县，有两小水合南流入河，象约橐口之形。" ②樗，参见西1-8注③。 ③楠（bèi），郭璞曰："今蜀中有楠木，七八月中吐穗，穗成，如有盐粉著状，可以酢羹。" ④萧，郭璞曰："萧，蒿。见《尔雅》。" ⑤鼋，参见北3-27注⑧。

修辟鱼

【译文】再往西五十里，叫橐山，树木多樗树，又有许多楠木，山的南面多产金、玉，北面多产铁，又有许多萧。橐水在这里发源，向北流注入河。水中有许多修辟鱼，形状像鼋，嘴是白的，叫声像鹍鹰，吃了它可以治疗白癣。

中6-12 又西九十里，曰常烝之山，无草木，多垩①。潐水②出焉，而东北流注于河，其中多苍玉③。菑水④出焉，而北流注于河。

【注释】①垩，参见西2-10注②。 ②潐（qiáo）水，《五藏山经传》卷五："潐水即乾头河。" ③苍玉，参见西1-8注⑦。 ④菑（zī）水，《五藏山经传》卷五："菑水，今名断密河，西北注弘农涧入河，象菑田也。"

【译文】再往西九十里，叫常烝山，没有草木，多产垩。潐水在这里发源，向东北流注入河，水中多产苍玉。菑水在这里发源，向北流注入河。

中6-13 又西九十里，曰夸父之山①，其木多棕柟，多竹箭②，其兽多柞牛③、羬羊④，其鸟多鷩⑤，其阳多玉，其阴多铁。其北有林焉，名曰桃林⑥，是广员三百里，其中多马。湖水⑦出焉，而北流注于河，其中多珚玉。

【注释】①夸父之山，郝懿行曰："山一名秦山，与太华相连，在今河南灵宝县东南。"《五藏山经传》卷五："山在弘农河北，水象行劳者息而据地之状，故名夸父。" ②竹箭，参见西1-7注④。 ③柞牛，参见南1-5注⑤。 ④羬羊，参见西1-1注③。 ⑤鷩，参见西1-4注⑥。 ⑥桃林，郭璞曰："今弘农湖县阌乡南谷中是也。" ⑦湖水，《五藏山经传》卷五："湖水，古名瑕水，今稠桑河也，出山之北，东北流注于河。"

【译文】再往西九十里，叫夸父山，树木多棕树和柟树，有许多竹箭。兽类多柞牛、羬羊，鸟类多鷩。山的南面多产玉，北面多产铁。山的北面有树林，名叫桃林，方圆三百里，其中有许多马。湖水在这里发源，向北流注入河，水中多产珚玉。

中6-14 又西九十里，曰阳华之山①，其阳多金、玉，其阴多青雄黄②，其草多藷藇③，多苦辛，其状如橚④，其实如瓜，其味酸甘，食之已疟。杨水⑤出焉，而西南流注于洛，其中多人鱼⑥。门水⑦出焉，而东北流注于河，其中多玄𥖁⑧。緒姑之水⑨出于其阴，而东流注于门水，其上多铜。门水出于河，七百九十里入雒水。

【注释】①阳华之山，《五藏山经传》卷五："阳华即钱来

山,在太华东。"见西1-1。　②青雄黄,参见西2-14注②。　③藸
藇,参见北3-10注③。　④櫹,即"楸"字。　⑤杨水,《五藏山
经传》卷五:"杨水,今文峪河。"　⑥人鱼,参见西1-8注⑧。
⑦门水,《五藏山经传》卷五:"门水即弘农河,有二源,南源出
轳灵关,北源出辘轳关,合而东流,北注于河,又并河而东,与洛水
会。自源至古雒口,凡行五百二十七里,于此经为七百九十里。为
言入雒,故以入河为出也。"　⑧玄磠,参见北3-13注②。　⑨綪
(zuó)姑之水,《五藏山经传》卷五:"綪,古组字,杂带也。番豆
河东与阌乡水俱北流注河而会门水,象为组之形,故曰綪姑。阌乡
水出首山,故言多铜也。"旧传黄帝在首山采铜铸鼎。

【译文】再往西九十里,叫阳华山,山的南面多产金、
玉,北面多产青雄黄。草多藸藇,又有许多苦辛,形状像楸,
果实像瓜,味道酸中带甜,吃了可以治疗疟疾。杨水在这里
发源,向西南流注入洛水,水中有许多人鱼。门水在这里发
源,向东北流注入河,水中多产玄磠。綪姑水在它的北面发
源,向东流注入门水,上面有许多产铜。门水出自河,流七百
九十里后汇入雒水。

凡缟羝山之首,自平逢之山至于阳华之山,凡十四
山,七百九十里。岳在其中①,以六月祭之,如诸岳之祠
法,则天下安宁。

【注释】①郭璞曰:"六月亦岁之中。"郝懿行曰:"岳当
谓华山也,郭以为中岳,盖失之。"汪绂曰:"此条无中岳,而曰岳
在其中,盖以洛阳居天下之中,王者于此以时望祭四岳,以其非岳
而祭四岳,故曰岳在其中。"此处原文十分费解,可能有脱讹,故
郭璞也并未指出"岳"字指什么,只是说这个"岳"在十四座山、

七百九十里的中间,所以祭祀它的时间也取在一年正中间的六月。然而郭璞的话只说了半句,于是郝懿行理解郭璞的意思是"六月是一年的中间,因此要取这个时间来祭祀'中'岳",由此认为郭璞错了。事实上郭璞不可能是这样的意思。姑且不管郭璞所说是否有据,如果他认为"中"岳居中所以要取一年的中间来祭祀,那么,西岳、北岳之类又分别应该取什么时间呢?郭璞的注解有时会望文生义,但还不致如此荒唐。至于汪绂的解释更为牵强,仅供参考。

【译文】缟羝山一组,从平逢山到阳华山,一共十四座山,七百九十里。岳在它的中间,六月加以祭祀,和其他诸岳的祭祀规范一样,就会天下安宁。

中次七经

【题解】《五藏山经传》卷五："此经所志,自卢氏东抵新郑诸山也。"

ψ7-1中次七经苦山之首,曰休与之山①。其上有石焉,名曰帝台之棋②,五色而文,其状如鹑卵,帝台之石,所以祷百神者也,服之不蛊③。有草焉,其状如蓍④,赤叶而本丛生,名曰凤条,可以为箭⑤。

【注释】①休与之山,郭璞曰:"与或作'舆',下同。"《五藏山经传》卷五:"休舆即熊耳,水形四方象轸,洛水上游象辀而仰,故曰休舆。休,不用也。" ②帝台之棋,郭璞曰:"帝台,神人名。棋谓博棋也。" ③蛊,参见南1-8注③。 ④蓍(shī),古代占筮用草,菊科植物。 ⑤箭(gǎn),箭杆。

【译文】《中次七经》苦山一组,第一座是休与山。山上产一种石头,名叫帝台棋,五色而有纹理,形状像鹌鹑蛋,帝台石可以用来祈祷各种神灵,佩戴它可以预防蛊病。有一种草,形状像蓍,叶子是红色的,根部丛生,名叫凤条,可以用来做箭杆。

中7-2东三百里,曰鼓锺之山①,帝台之所以觞②百神也。有草焉,方茎而黄华,员叶而三成③,其名曰焉酸,可以为④毒。其上多砺,其下多砥⑤。

【注释】①鼓锺之山,《五藏山经传》卷五:"休舆东也。山为今小章谷。" ②觞,请人喝酒。 ③三成,郭璞曰:"叶三重也。" ④为,治。 ⑤砺、砥,参见西4-19注⑦。

【译文】往东三百里叫鼓锺山,帝台宴会众神的地方。有一种草,茎是方的,花是黄色的,圆的叶子有三重,名字叫焉酸,可以解毒。山上多产砺,山下多产砥。

中7-3又东二百里,曰姑媱之山①。帝女死焉,其名曰女尸,化为菌②草,其叶胥成③,其华黄,其实如菟丘④,服之媚于人⑤。

【注释】①姑媱(yáo)之山,吕调阳校作"姑媱之山",《五藏山经传》卷五:"山盖在葛蔓水入洛之南。媱,徒歌也。"②菌,音yáo。 ③胥,相互;成,重叠。 ④菟丘,即菟丝。 ⑤"服之"句,郭璞曰:"为人所爱也。"

【译文】再往东二百里,叫姑媱山。天帝的女儿死在这里,名字叫女尸,化作菌草,叶子是重叠的,花是黄色的,果实像菟丝,吃了可以使人妖媚动人。

中7-4又东二十里,曰苦山①。有兽焉,名曰山膏,其状如逐②,赤若丹火,善詈③。其上有木焉,名曰黄棘,黄华而员叶,其实如兰,服之不字④。有草焉,员叶而无茎,赤华而不实,名曰无条,服之不瘿⑤。

【注释】①苦山,《五藏山经传》卷五:"苦山即库谷,在姑猺东南。" ②逐,郭璞曰:"即豚字。" ③詈(lì),骂。 ④字,哺乳,生育。 ⑤瘿,参见西1-15注⑧。

【译文】再往东二十里,叫苦山。有一种兽,名叫山膏,形状像逐,浑身火红色,喜欢骂人。山上有一种树,名字叫黄棘,黄色的花,叶子是圆的,果实像兰,吃了会导致不育。有一种草,叶子是圆的,没有茎,开红花,不结果,名字叫无条,吃了可以预防肿块。

神天愚

天愚

中7-5 又东二十七里,曰堵山①,神天愚居之,是多怪风雨。其上有木焉,名曰天楄②,方茎而葵状,服者不噎③。

【注释】①堵山,《五藏山经传》卷五:"堵同渚,谓慎望陂在原上。" ②楄,音pián。 ③噎(yè),食物堵住食管。

【译文】再往东二十七里,叫堵山,名叫天愚的神住在这里,这里多怪风怪雨。山上有一种树,名叫天楄,茎是方的,形状像葵,吃了可以防噎。

中7-6 又东五十二里,曰放皋之山①。明水出焉,南流注于伊水,其中多苍玉②。有木焉,其叶如槐,黄华而不实,其名曰蒙木,服之不惑。有兽焉,其状如蜂,枝尾而反舌,善呼,其名曰文文。

【注释】①放皋之山,《五藏山经传》卷五:"即发视山。"

见中2-2。 ②苍玉，参见西1-8注⑦。

【译文】再往东五十二里，叫放皋山。明水在这里发源，向南流注入伊水，水中多产苍玉。有一种树，叶子像槐，开黄色的花，不结果，名字叫蒙木，吃了可以不迷惑。有一种兽，形状像蜂，尾部分叉，舌头倒长，喜欢呼叫，名叫文文。

中7-7　又东五十七里，曰大𦤫之山①，多琈珷②之玉，多麋玉。有草焉，其状叶如榆，方茎而苍伤③，其名曰牛伤，其根苍文，服者不厥④，可以御兵。其阳狂水⑤出焉，西南流注于伊水，其中多三足龟，食者无大疾，可以已肿。

【注释】①大𦤫（kǔ）之山，《五藏山经传》卷五："𦤫同

非，鸟将飞竦其翼也，从古，有所疑也。山为颖、狂二水所出，东西背流象之。"　②琈珷，参见西1-4注⑤。　③伤，刺。　④厥，郭璞曰："逆气病。"　⑤狂水，《五藏山经传》卷五："狂水西南流折西北，合来需四水西北注伊，从北视之象猚

三足龟

犬直项弭尾之状，故名。"来需，见中7-8注③。

【译文】再往东五十七里，叫大𦤫山，山上多产琈珷玉和麋玉。有一种草，叶子像榆树叶，茎是方的，有青黑色的刺，名字叫牛伤，它的根有青黑色的纹理，吃了可以预防逆气，可以抵御兵灾。狂水在它的南面发源，向西南流注入伊水，水中有许多三足龟，吃了它可以不生大病，可以消除肿痛。

中7-8又东七十里，曰半石之山①，其上有草焉，生而秀，其高丈馀，赤叶赤华，华而不实，其名曰嘉荣，服之者不霆②。来需之水③出于其阳，而西流注于伊水，其中多䲣④鱼，黑文，其状如鲋⑤，食者不睡。合水⑥出于其阴，而北流注于洛，多䲆⑦鱼，状如鳜⑧，居逵⑨，苍文赤尾，食者不痈⑩，可以为瘘⑪。

【注释】①半石之山，《五藏山经传》卷五："狂水西源曰倚毫山，又西曰八风山，又西曰三交水、曰湮谷水，其水统名来需，而半石则八风是也。半，判也，山石坚黑，中作柱及楔槛之用，自昔采石于此，所谓洛阳八风谷黑石也。" ②不霆，郭璞曰："不畏雷霆霹雳也。" ③来需之水，《五藏山经传》卷五："来需，麦柔苗也，数水形象之。" ④䲣，音lún。 ⑤鲋，参见南3-9注④。 ⑥合水，《五藏山经传》卷五："合水入洛在偃师县西。" ⑦䲆，音téng。 ⑧鳜，郭璞曰："鳜鱼，大口大目细鳞，有斑彩。"鲔科动物。 ⑨逵，郭璞曰："水中之穴道交通者。" ⑩痈，参见北1-4注③。 ⑪瘘（lòu），指颈部肿大的淋巴结核一类疾病，也指瘘管。

䲣鱼

【译文】再往东七十里，叫半石山，山上有一种草，生长之初先抽穗，高一丈多，红叶红花，只开花不结果，名叫嘉荣，佩戴它不怕打雷。来需水在它的南面发源，向西流注入伊水，水中有许多䲣鱼，有黑色纹理，形状像鲋，人吃了可以不用睡觉。合水在它的北面发源，向北流注入洛水，水中有许多䲆鱼，形状像鳜鱼，生活在水中穴道交错的地方，有青

腾龟

黑色纹理，红色尾巴，吃了可以预防肿疡，又可以治疗瘘管。

中7-9又东五十里，曰少室之山，百草木成囷。其上有木焉，其名曰帝休，叶状如杨，其枝五衢①，黄华黑实，服者不怒。其上多玉，其下多铁。休水出焉，而北流注于洛，其中多𩽾鱼②，状如盩蜼③而长距，足白而对④，食者无蛊疾⑤，可以御兵。

【注释】①其枝五衢，郭璞曰："言树枝交错，相重五出，有象衢路也。" ②𩽾鱼，参见西1-8注⑧。 ③盩（zhōu），同"蝥"，郝懿行曰："盩当为'蝥'。" ④对，郝懿行曰："盖谓足趾相向也。" ⑤"食者"句，郝懿行曰："《北次三经》云：'人鱼如𩽾鱼，四足，食之无痴疾。'此言'食者无蛊疾'，蛊，疑惑也；痴，不慧也：其义同。"

【译文】再往东五十里，叫少室山，许多草木聚成谷仓的样子。山上有一种树，名叫帝休，叶子像杨树叶，树枝分为五叉，开黄色的花，结黑色果实，佩戴它可以使人不发怒。山上多产玉，山下多产铁。休水在这里发源，向北流注入洛水，水中有许多𩽾鱼，形状像如盩蜼，脚上有很长的突出，有白色而对生的脚趾，人吃了可以预防痴呆

𩽾鱼

病,并可以抵御兵灾。

中7-10又东三十里,曰泰室之山①。其上有木焉,叶状如梨而赤理,其名曰栯②木,服者不妒。有草焉,其状如荬③,白华黑实,泽如蘡薁④,其名曰蓇草,服之不眛⑤。上多美石。

【注释】①泰室之山,郭璞曰:"即中岳嵩高山也,今在阳城县西。"《五藏山经传》卷五:"在登封县北,中岳嵩山也。"②栯,音yǒu。 ③荬,郭璞曰:"荬似蓟也。"参见中5-2注④。④蘡薁(yīng yù),郭璞曰:"言子滑泽。"汪绂曰:"蘡薁蔓生,细叶,实如小葡萄,或以为樱桃,或以为葡萄,皆误。"郝懿行曰:"盖即今之山葡萄。" ⑤眛,王念孙校作"眯"。眯,参见西4-15注③。

【译文】再往东三十里,叫泰室山。山上有一种树,叶子像梨树叶,有红色的纹理,名字叫栯木,佩戴它不会妒忌。有一种草,形状像荬,白色的花,黑色的果实,果实泽滑,很像蘡薁,名叫蓇草,吃了可以不做噩梦。山上有许多美石。

中7-11又北三十里,曰讲山①,其上多玉,多柘,多柏。有木焉,名曰帝屋,叶状如椒②,反伤③赤实,可以御凶。

【注释】①讲山,《五藏山经传》卷五:"在清易镇东,当嵩高东北。" ②椒,芸香科植物花椒。 ③反伤,郭璞曰:"刺下勾也。"参见中7-7注③。

【译文】再往北三十里,叫讲山,山上多产玉,又有许多柘树和柏树。有一种树,名叫帝屋,叶子像椒,有向下钩的刺,果实红色,可以抵御凶险。

中7-12又北三十里,曰婴梁之山①,上多苍玉②,錞于玄石③。

【注释】①婴梁之山,《五藏山经传》卷五:"在黑石渡东。" ②苍玉,参见西1-8注⑦。 ③錞于玄石,郭璞曰:"言苍玉依黑石而生也。"錞,参见西1-19注②。

【译文】再往北三十里,叫婴梁山,山上多产苍玉,依傍黑色石头而生。

中7-13又东三十里,曰浮戏之山。有木焉,叶状如樗①而赤实,名曰亢木,食之不蛊②。汜③水出焉,而北流注于河。其东有谷,因名曰蛇谷,上多少辛④。

【注释】①樗,参见西1-8注③。 ②蛊,参见南1-8注③。③汜(sì),《五藏山经传》卷五:"汜水象游戏也。古太灏氏居此,号浮戏氏,风姓。" ④少辛,细辛,马兜铃科植物。

【译文】再往东三十里,叫浮戏山。有一种树,叶子像樗,有红色的果实,名叫亢木,吃了可以预防蛊病。汜水在这里发源,向北流注入河。山的东面有山谷,因而名叫蛇谷,上面有许多细辛。

中7-14又东四十里,曰少陉之山①。有草焉,名曰崗草②,叶状如葵,而赤茎白华,实如蘡薁③,食之不愚。器难之水出焉,而北流注于役水。

【注释】①少陉之山,《五藏山经传》卷五:"山在正回水源駹山之东,即和山也。陉,峻隧也。" ②崗,音gāng。 ③蘡薁,参见中7-10注④。

【译文】再往东四十里,叫少陉山。有一种草,名校崗草,叶子像葵,红色的茎,白色的花,果实像蘡薁,吃了不会愚钝。器难水在这里发源,向北流注入役水。

中7-15 又东南十里,曰太山①。有草焉,名曰梨,其叶状如荻而赤华,可以已疽②。太水出于其阳,而东南流注于役水;承水③出于其阴,而东北流注于役。

【注释】① 太山,《五藏山经传》卷五:"太山一名华山,《传》曰'后河前华'也。" ②疽,参见北1-3注⑤。 ③承水,吕调阳校作"召水",《五藏山经传》卷五:"太水召水一源两分,出华城南冈,南流为太,即溱水,西南会黄水河,又东南合洧而东南注于役。役水出中牟县西南,东北合侵而南注也。北流为召。召,古危字,即七虎涧水,与清池水并东北流注侵,象乘危欲颠之形。"

【译文】再往东南十里,叫太山。有一种草,名叫梨,叶子像荻,开红色的花,可以治疗毒疮。太水在它的南面发源,向东南流注入役水;承水在它的北面发源,向东北流注入役水。

中7-16 又东二十里,曰末山①,上多赤金。末水出焉,北流注于役。

【注释】① 末山,吕调阳校作"不山",《五藏山经传》卷五:"不,古'杯'字。不水即不家沟,水东北流而北分为二,一西北会黄雀沟注荥泽,一东北入圃田泽,似不形。"

【译文】再往东二十里,叫末山,山上多产赤金。末水在这里发源，向北流注入役水。

中7-17又东二十五里，曰役山①，上多白金，多铁。役水出焉，北注于河。

【注释】①役山，《五藏山经传》卷五作"侵山"："黄雀沟水象帚形，故曰侵。侵者，扫渐进也，其水北入荥泽，又北绝泽道济隧注河，盖古济水自荥阳溢出，圣人既因而瀹之，与索水、侵水并潴为泽，其正流自北东出会汶注海，复于东南导枝渠下注颍汝，皆以泄河之怒。若京、索水盛，济不能容，则由济隧北注以均其势，故侵水得言注河也。"

【译文】再往东二十五里，叫役山，山上多白金和铁。役水在这里发源，向北流注入河。

中7-18又东三十五里曰敏山①。上有木焉，其状如荆，白华而赤实，名曰葪②柏，服者不寒。其阳多琇珸③之玉。

【注释】①敏山，《五藏山经传》卷五："敏，古音每，即梅山也，在太山东北。" ②葪（jì），同蓟。 ③琇珸，参见西1-4注⑤。

【译文】再往东三十五里，叫敏山。山上有一种树，形状像荆，开白色的花，结红色的果，名叫葪柏，佩戴它可以不怕冷。山的南面多产琇珸玉。

中7-19又东三十里，曰大騩之山①，其阴多铁、美玉、青垩。有草焉，其状如蓍②而毛，青华而白实，其名曰㸌③，服之不夭，可以为腹病。

【注释】①大騩之山,《五藏山经传》卷五:"今中牟南二十里之土山也。役水东接制梧,象马人立。" ②菁,参见中7-1注④。 ③莨,音láng。

【译文】再往东三十里,叫大騩山,山的北面多产铁、美玉、青垩。有一种草,形状像菁而有毛,开青色花,结白色果实,名字叫莨,吃了可以延年益寿,可以治疗腹部疾病。

凡苦山之首,自休与之山至于大騩之山,凡十有九山,千一百八十四里。其十六神者,皆豕身而人面。其祠:毛牷用一羊羞①,婴用一藻玉②瘗。苦山、少室、太室皆冢也,其祠之:太牢之具,婴以吉玉。其神状皆人面而三首,其馀属皆豕身人面也。

【注释】①羞,进献。 ②藻玉,郭璞曰:"藻玉,玉有五彩者也。或曰,所以盛玉藻藉也。"郝懿行曰:"藻玉已见《西次二经》泰冒山。此'藻'疑当与'璪'同,《说文》云:'璪,玉饰如水藻之文也。'"藻藉,祭祀用的彩色玉垫。

豕身而人面神

【译文】苦山一组,从休与山到大騩山,一共十九座山,一千一百八十四里。其中十六个山神,都是猪身人面。祭祀的礼仪为:毛物用一只完整的羊作为进献的供物,婴埋一块藻玉。苦山、少室、太室的山神都是众神之君,祭祀的礼仪为:用太牢之具,婴用吉玉。这些山神都长着人的面孔,三个头,其他都是猪身人面。

中次八经

【题解】《五藏山经传》卷五："此经所志,荆州大江以北、汉东西诸山也。近江陵无高山,所有皆陵阜。"

中8-1中次八经荆山之首,曰景山①,其上多金、玉,其木多杼②、檀。雎水③出焉,东南流注于江,其中多丹粟④,多文鱼⑤。

【注释】①景山,《五藏山经传》卷五："景,强之借字。山在江陵城东四十里,临三湖之上,象螳螂首,故名。"《说文》释"强"为蚚,螳螂别名蚚父。　②杼(shù),陆机《毛诗草木鸟兽虫鱼疏》卷上："栩,今柞栎也。徐州谓栎为杼,或谓之为栩,其子为皂,或言皂斗。其壳为汁,可以染皂。今京洛及河内多言杼斗,或言橡斗。谓栎为杼,五方通语也。"则杼即指壳斗科植物麻栎,今人多称之为橡树。　③雎水,《五藏山经传》卷五："湖东南与红马湖相接,象鹗立形,故名雎水,亦曰鄂渚。其水并受江流,又东北出两派会漳水入汉东南,两派历诸湖注江也。"《尔雅·释鸟》郭璞注以为雎即鹗。　④丹粟,参见南2-1注⑦。　⑤文鱼,《埤雅》卷一："鳢,一名文鱼。"指鳢科动物乌鳢,俗名黑鱼。

【译文】《中次八经》荆山一组,第一座是景山,山上多产金、玉,树木多杼树、檀树。雎水在这里发源,向东南流注入江,水中多产丹粟,有许多文鱼。

中8-2东北百里,曰荆山①,其阴多铁,其阳多赤金,其中多犛牛②,多豹、虎,其木多松、柏,其草多竹,多橘、櫾③。漳水④出焉,而东南流注于雎,其中多黄金,多鲛鱼⑤。其兽多闾⑥麋。

【注释】①荆山,《五藏山经传》卷五:"江陵西北八岭山也。"　②犛牛,郭璞曰:"旄牛属也,黑色,出西南徼外也。"参见南1-5注⑤。　③櫾,郭璞曰:"似橘而大也,皮厚味酸。"即柚子。　④漳水,《五藏山经传》卷五:"有大晖港东南流折而东,与龙陂桥水并注太白湖,象飞隼身尾,又北受浍水象翼,故名漳,所谓'江汉雎漳,楚之望也'。先儒误以纶水两源分属沮漳,故于下浍水注漳之文无能通解者。"参见西3-15注①。⑤鲛鱼,郭璞曰:"鲋鱼类也。"郝懿行以为鲨鱼,汪绂以为马鲛鱼,二者都是海鱼,非。　⑥闾,参见北2-3注②。

犛牛

【译文】往东北一百里,叫荆山,山的北面多产铁,南面多产赤金,有许多犛牛,有许多豹、虎,树多松树、柏树,草多竹子,又有许多橘、柚。漳水在这里发源,向东南流注入雎,水中多产黄金,有许多鲛鱼。兽类多闾、麋。

中8-3又东北百五十里,曰骄山①,其上多玉,其下多

鼍围

青䨼②，其木多松、柏，多桃枝、钩端③。神鼍④围处之，其状如人面，羊角虎爪，恒游于雎漳之渊，出入有光。

【注释】①骄山，《五藏山经传》卷五："女几东北也。大洪山水状马揭尾，故名。山即古蒲骚地，其水名溳水也。"　②青䨼，亦作"䨼"。青碧之类，参见西2-4注②。③桃枝钩端，参见西1-14注④。　④鼍，音tuó。

【译文】再往东北一百五十里，叫骄山，山上多产玉，山下多产青䨼，树木多是松树、柏树，多桃枝、钩端。名叫鼍围的神在这里，它长有人的面孔、羊的角和虎的爪子，常常在雎漳渊游荡，出入时会发出光亮。

中8-4 又东北百二十里，曰女几之山①，其上多玉，其下多黄金，其兽多豹、虎，多闾②、麢③、麖④，其鸟多白鷮⑤，多翟⑥，多鸩⑦。

【注释】①女几之山，《五藏山经传》卷五："京山水象女，天门诸水在其西南，象几。山为阳水河所出也。"　②闾，参见北2-3注②。　③麢，参见中5-11注③。　④麖，又写作"麠"。《本草纲目》卷五十一："麖居大山中，似麞而小。"即指鹿科动物小鹿。　⑤鷮（jiāo），郭璞曰："鷮似雉而长尾，走且鸣。"　⑥翟，参见西2-5注④。　⑦鸩，郭璞曰："鸩大如鵰，紫绿色，长颈赤喙，食蝮蛇头。雄名运日，雌名阴谐也。"据说此鸟有剧毒，用它的羽毛浸的酒是著名的毒药。

【译文】再往东北一百二十里，叫女几山，山上多产玉，山下多产黄金，兽类多豹、虎，又多闾、麋、麝、麂。鸟类多白鷮，又多翟、多鸩。

鸩

中8-5 又东北二百里，曰宜诸之山①，其上多金、玉，其下多青䨼②。滽水③出焉，而南流注于漳，其中多白玉。

【注释】①宜诸之山，《五藏山经传》卷五："景山西北也，宜同仪；诸，古作者，通耆。山在荆门州西鸿桥铺，滽水三源并东南流，合注太白湖，如鸟翅也。" ②青䨼，亦作䨼。青碧之类，参见西2-4注②。 ③滽，音wéi。

【译文】再往东北二百里，叫宜诸山，山上多产金、玉，山下多产青䨼。滽水在这里发源，向南流注入漳水，水中多产白玉。

中8-6 又东北三百五十里，曰纶山①，其木多梓柟，多桃枝②，多柤③、栗、橘、櫾④，其兽多闾⑤、麈⑥、麚⑦、臭⑧。

【注释】①纶山，《五藏山经传》卷五："景山西北也。纶山象水为名，在远安县北，即先儒所误指为漳水出荆山者。其水南流，右合西源，先儒谓之沮水，又南东注于江，象纶绳上分之形，其东夹约河两源象两指拑缕之形，蛮河在北，象纶之形也。" ②桃枝，参见西1-14注④。 ③柤，郭璞曰："柤似梨而酢濇。"即蔷薇科植物山楂。 ④櫾，参见中8-2注③。 ⑤闾，参见北2-3注②。

⑥麈（zhǔ），即麋鹿，俗名四不象。　⑦鷹，参见西1-18注④。
⑧臭（chuò），郭璞曰："臭似菟而鹿脚，青色。"

【译文】再往东北三百五十里，叫纶山，树木多梓树和
楠树，有许多桃枝，又有许多柤、栗、橘、柚，兽类多闾、麈、
鷹、臭。

ㄓ8-7又东二百里，曰陆郇之山①，其上多琈珸②之
玉，其下多垩③，其木多杻、橿④。

【注释】①陆郇（guǐ）之山，《五藏山经传》卷五："山在
保康县西南八十里，曰马桥口，左右四水环抱，象鹄鹍张翼振振
也。"　②琈珸，参见西1-4注⑤。　③垩，参见西2-10注②。
④杻、橿，参见西1-7注①。

【译文】再往东二百里，叫陆郇山，山上多产琈珸玉，
山下多产垩，树木多杻、橿。

ㄓ8-8又东百三十里，曰光山①，其上多碧②，其下多
木。神计蒙处之，其状人身而龙首，恒游于漳渊，出入必
有飘风暴雨。

计蒙

【注释】①光山，《五
藏山经传》卷五："景山东
也。山在大泽口北多宝湾。"
②碧，青碧之类，参见西3-15
注②。

【译文】再往东百三
十里，叫光山，山上多产
碧，山下有许多树木。名

叫计蒙的神在这里，它长有人的身体龙的头，经常在漳渊游荡，出入时必定伴有暴风雨。

中8-9又东百五十里，曰岐山①，其阳多赤金，其阴多白珉②，其上多金、玉，其下多青膻③，其木多樗④。神涉䓣处之，其状人身而方面三足。

【注释】①岐山，《五藏山经传》卷五："女几东北也。山在崎山司西北，今有岐山团也。" ②珉，郭璞曰："石似玉者。"《石雅·辨疑》："珉即玟矣，玟或作'砇'，见《集韵》，从石从文，析言之，即文石也。"《山海经·中山经》岷山：其下多白珉。考之地理，岷山山脉南尽峨眉诸峰……《本草纲目》谓蜀中汶山彭县有花乳石，《四川通志》谓汶山县出白玉石，皆即大理石也。则岷山白珉非其物欤？"参见北1-1注⑤。③青膻，亦作"䕷"。青碧之类，参见西2-4注②。 ④樗，参见西1-8注③。

神涉䓣

涉䓣

【译文】再往东一百五十里，叫岐山，山的南面多产赤金，北面多产白珉，山上多产金、玉，山下多产青膻，树木多樗树。名叫涉䓣的神在这里，它长有人的身体，面孔是方的，有三只脚。

中8-10又东百三十里，曰铜山①，其上多金、银、铁，其木多穀②、柞③、柤④、栗、橘、櫾⑤，其兽多犳⑥。

【注释】①铜山，《五藏山经传》卷五："在随州北，今名打铁沟。"《石雅·色金》："山以铜名，固宜多铜，乃云多金银铁而不及铜,明铜之义所包者广也。"意谓《山海经》中所指的金属名称未必都是指后来的纯金属,当有各种合金。 ②穀,参见南1-1注⑦。 ③柞,参见西1-13注③。 ④柤,参见中8-6注③。 ⑤櫾,参见中8-2注③。 ⑥犳,参见西2-12注⑤。

【译文】再往东一百三十里,叫铜山,山上多产金、银、铁,树木多穀、柞、柤、栗、橘、柚,兽类多犳。

中8-11 又东北一百里,曰美山①,其兽多兕②、牛,多闾③麈④,多豕鹿,其上多金,其下多青雘⑤。

【注释】① 美山,吕调阳校作"英山",《五藏山经传》卷五:"今英山县北中界岭,蕲水西源所出也。若山水象仰枕,蕲水在东南承之,故曰英。英同央也。"参见南1-8注⑤。 ②兕,参见南3-2注②。 ③闾,参见北2-3注②。 ④麈,参见中8-6注⑥。 ⑤青雘,亦作"雘"。青碧之类,参见西2-4注②。

【译文】再往东北一百里,叫美山,兽类多兕、牛,又有许多闾、麈,还有许多猪和鹿,山上多产金,山下多产青雘。

中8-12 又东北百里,曰大尧之山①,其木多松、柏,多梓、桑,多机②,其草多竹,其兽多豹、虎、麢③、臭④。

【注释】① 大尧之山,《五藏山经传》卷五:"应山县北黄土关也。马坪港在南,象刞者之足也。" ②机,参见北1-1注②。 ③麢,参见西1-18注④。 ④臭,参见中8-6注⑧。

【译文】再往东北一百里,叫大尧山,树木多松、柏,又有许多梓、桑,还有许多机,草多竹子,兽类多豹、虎、麢、臭。

中8-13又东北三百里，曰灵山①，其上多金玉，其下多青臒②，其木多桃、李、梅、杏。

【注释】①灵山，《五藏山经传》卷五："纶山西北均州之博山也。山东三十馀里曰太和山，有根梅树，根木梅实，杏形桃核，味甚甘美。" ②青臒，亦作"馥"。青碧之类，参见西2-4注②。

【译文】再往东北三百里，叫灵山，山上多产金、玉，山下多产菁臒，树木多桃、李、梅、杏。

中8-14又东北七十里，曰龙山①，上多寓木②，其上多碧③，其下多赤锡④，其草多桃枝、钩端⑤。

【注释】①龙山，《五藏山经传》卷五："山在信阳州西申水之隈，今有黄龙寺。" ②碧，青碧之类，参见西3-15注②。 ③寓木，郭璞曰："寄生也，一名宛童。"即指桑寄生科植物。 ④赤锡，《石雅·色金》："锡之色未有赤者，则赤锡非锡明矣。经言龙山上多碧，碧即石青，方书一称扁青，今通称蓝铜矿，每产有铜处，则赤锡当为铜类无疑。铜色赤，故经亦言赤锡耳。夫古称五金，其名犹是，而其义已漓；况铜与锡在昔并相为用……并用并生，其名自易相乱；以铜名锡，又别以色，岂偶然乎！" ⑤桃枝、钩端，参见西1-14注④。

【译文】再往东北七十里，叫龙山，山上有许多寓木，又多产碧，山下多产赤锡，草多桃枝、钩端。

中8-15又东南五十里，曰衡山①，上多寓木②、穀③、柞④，多黄垩、白垩⑤。

【注释】①衡山，《五藏山经传》卷五："信阳州南天平山，在倚带之北。" ②寓木，参见中8-14注③。 ③穀，参见南1-1

注⑦。　④柞,参见西1-13注③。　⑤黄垩、白垩,参见西2-10注②。

【译文】再往东南五十里,叫衡山,山上有许多寓木、穀、柞,又多产黄垩、白垩。

中8-16又东南七十里,曰石山①,其上多金,其下多青腝②,多寓木③。

【注释】①石山,《五藏山经传》卷五:"山在黄安县北双山门,其西曰石门也。"　②青腝,亦作"䅩"。青碧之类,参见西2-4注②。　③寓木,参见中8-14注③。

【译文】再往东南七十里,叫石山,山上多产金,山下多产青腝,又有许多寓木。

中8-17又南百二十里,曰若山①,其上多琈珒②之玉,多赭③,多邽石④,多寓木⑤,多柘。

【注释】①若山,《五藏山经传》卷五:"山在罗田县北天堂寨。若同如,顺也,象水形。"　②琈珒,参见西1-4注⑤。　③赭,参见北2-2注③。　④邽,郝懿行曰:"邽疑'封'字之讹。"参见中10-2注④。　⑤寓木,参见中8-14注③。

【译文】再往南一百二十里,叫若山,山上多产琈珒玉,又多产赭和邽石,还有许多寓木和柘。

中8-18又东南一百二十里,曰嶡山①,多美石,多柘。

【注释】①嶡山,《五藏山经传》卷五:"山在杨桑湖口,东接萧家畈,湖水象嶡形也。"

【译文】再往东南一百二十里,叫嶡山,多产美石,又有许多柘。

ᵗ8-19又东南一百五十里,曰玉山①,其上多金、玉,其下多碧②、铁,其木多柏。

【注释】①玉山,《五藏山经传》卷五:"即大别山。"②碧,青碧之类,参见西3-15注②。

【译文】再往东南一百五十里,叫玉山,山上多产金、玉,山下多产碧、铁,树木多柏树。

ᵗ8-20又东南七十里,曰瓘山①,其木多檀,多邽石②,多白锡③。郁水出于其上,潜于其下,其中多砥砺④。

【注释】①瓘山,《五藏山经传》卷五:"山在麻城县东北曰龙井畈,为岐亭河所源,其西南有地名曰白镴,疑以产白锡名也。" ②邽石,参见中10-2注④。 ③白锡,《石雅·色金》:"白锡者何?即倭铅是也。""倭铅今亦名锌,昔每从炉甘石出。"④砥砺,参见西4-19注⑦。

【译文】再往东南七十里,叫瓘山,树木多檀树,多产邽石和白锡。郁水在山上发源,在它下面流淌,水中多产砥砺。

ᵗ8-21又东北百五十里,曰仁举之山①,其木多榖②、柞③,其阳多赤金,其阴多赭④。

【注释】①仁举之山,《五藏山经传》卷五:"女几东北也。仁举与瓘举同义。山在今应城西北崎山司也。"参见中4-9注①。②榖,参见南1-1注⑦。 ③柞,参见西1-13注③。 ④赭,参见北2-2注③。

【译文】再往东北一百五十里,叫仁举山,树木多榖、柞,山的南面多产赤金,北面多产赭。

ᴴ8-22又东五十里,曰师每之山①,其阳多砥砺②,其阴多青雘③,其木多柏,多檀,多柘,其草多竹。

【注释】①师每之山,《五藏山经传》卷五:"景山东南也。山在监利县东,临蒋师湖,江水所溢小湖也。湖水东北流,与其西之大马湖、南江湖水合,象拇指形,又东北流北注官湖之东南,湖长六十馀里,丰右杀左,象琴形,故此山以师每为号。每、拇古字通也。今江南岸有调弦口,与'师每'义相因也。" ②砥砺,参见西4-19注⑦。 ③青雘,亦作䨼。青碧之类,参见西2-4注②。

【译文】再往东五十里,叫师每山,山的南面多产砥、砺,北面多产青雘,树木多柏树,又有许多檀树、柘树,草多竹子。

ᴴ8-23又东南二百里,曰琴鼓之山①,其木多榖②、柞③、椒④柘,其上多白珉⑤,其下多洗石⑥,其兽多豕、鹿,多白犀,其鸟多鸩⑦。

【注释】①琴鼓之山,《五藏山经传》卷五:"琴鼓,琴之鼓处。山在官湖之北近西也。" ②榖,参见南1-1注⑦。 ③柞,参见西1-13注③。 ④椒,参见中7-11注②。 ⑤白珉,参见中8-9注②。 ⑥洗石,参见西1-1注②。 ⑦鸩,参见中8-4注⑦。

【译文】再往东南二百里叫琴鼓山,树木多榖、柞、椒、柘,山上多产白珉,山下多产洗石。兽类多猪和鹿,又有许多白犀,鸟类多鸩。

　　凡荆山之首,自景山至琴鼓之山,凡二十三山,二千八百九十里。其神状皆鸟身而人面。其祠:用一雄鸡祈瘗,用一藻圭,糈用稌。骄山,冢①也,其祠:用羞酒少牢祈瘗,婴毛一璧。

　　【注释】①冢,冢君,列国君主的敬称。

　　【译文】荆山一组,从景山到琴鼓山,一共二十三座山,二千八百九十里。山神都是鸟身人面。祭祀的礼仪为:用一只雄鸡祈祷后埋入土中,用一块藻圭,精米用粳稻。骄山是众神之君,祭祀的礼仪为:用进献的酒和少牢祈祷,然后埋入土中,婴用毛物和一块璧。

鸟身人面神

中次九经

【题解】《五藏山经传》卷五："此经所志，今川蜀诸山也。"

中9-1中次九经岷山之首，曰女几之山①，其上多石涅②，其木多杻、橿③，其草多菊、茉④。洛水⑤出焉，东注于江，其中多雄黄⑥，其兽多虎豹。

【注释】①女几之山，《五藏山经传》卷五："女几在荣经县西五十里，青衣南河所出，两源东流折东北，受数水至雅州府治之西与北河会，又经府北折东南，受数小水入大渡河注江，大形象若木猗那，古曰涐水。又象女子侧倚，此山当其手后，故曰女几也。"②石涅，参见西2-5注②。　③杻、橿，参见西1-7注①。　④茉，参见中5-2注④。　⑤洛水，吕调阳校作涐水，说见上。　⑥雄黄，参见西4-16注②。

【译文】《中次九经》岷山一组，第一座叫女几山，山上多产石涅，树木多杻、橿，草多菊、茉。洛水在这里发源，向东流注入江，水中多雄黄，兽类多虎豹。

中9-2又东北三百里，曰岷山①，江水出焉，东北流注于海，其中多良龟，多鼍②。其上多金、玉，其下多白珉③，其木多梅、棠④，其兽多犀、象，多夔牛⑤，其鸟多翰、鷩⑥。

【注释】①岷山，《五藏山经传》卷五："崃山北也。" ②鼍，郭璞曰："似蜥易，大者长二丈，有鳞彩，皮可以冒鼓。"即爬行纲鼍科动物扬子鳄。③白珉，参见中8-9注②。 ④棠，参见西3-8注⑦。 ⑤夔牛，郭璞曰："今蜀山中有大牛，重数千斤，名为夔牛，晋太兴元年此牛出土庸，郡人弩射杀，得三十八担肉。" ⑥翰、鷩，郭璞曰："白翰赤鷩。"参见西1-4注⑥、西1-14注⑦。

鼍

【译文】再往东北三百里，叫岷山，江水在这里发源，向东北流注入大海，水中有许多良龟，又有许多鼍。山上多产金、玉，山下多白珉。树木多梅、棠，兽类多犀、象，又多夔牛，鸟类多翰、鷩。

中9-3又东北一百四十里，曰崃山①，江水出焉，东流注大江②。其阳多黄金，其阴多麋麈③，其木多檀柘，其草多薤④韭，多药⑤、空夺⑥。

【注释】①崃山，《五藏山经传》卷五："布濮水出伏牛山北，东南流与南水会，皆两源，又东迳邛州南，左合二水，右合一水，象麦秀形，故山名崃。山有九折坂，故又曰邛。"参见北2-11注。 ②"东流"句，《五藏山经传》卷五："其水东注大江为南江水也。" ③麈，参见中8-6注⑥。 ④薤，参见北1-8注③。

⑤药，参见西4-8注①。　⑥空夺，汪绂曰："空夺即寇脱也。"参见中5-14注⑦。

【译文】再往东北一百四十里，叫崃山，江水在这里发源，向东流注入大江。山的南面多产黄金，北面有许多麋、麈。树木多檀、柘，草多蕉、韭，又有许多药和空夺。

中9-4又东一百五十里，曰崌山①，江水出焉，东流注于大江，其中多怪蛇，多鰲②鱼，其木多楢③、杻④，多梅、梓，其兽多夔牛、羬⑤、臭⑥、犀、兕⑦。有鸟焉，状如鸮⑧而赤身白首，其名曰窃脂⑨，可以御火。

【注释】①崌，音jū。崌山，《五藏山经传》卷五："今彭县北九十里曰五峰山，脉自茂州南来，五峰拔起，高入云天，即此经之崌山、《禹贡》之蒙山、《海内东经》之曼山也。西接仰天山，有黑龙池在山巅，西出曰龙溪，西北迳旧威州之过街楼注大江，东出即北江源，循山东南流迳雒甬山之西，折而西南合两大水，又西南并两鱼洞之水，折而东而南，出山分三派，一东北流，折东南会雒水，又会緜水；其西二枝并东南流，东会緜水、沱水，南至江阳入江，名北江水，亦曰氾水，《汉》志谓之湔水，又曰湔涐水，象人踞坐，故曰崌山；亦象暴注揭其臀，故曰涐；从西视之又象孕妇彭腹之状，故东岸山曰彭山，水曰氾水。"　②鰲，音zhì。　③楢（yóu），郭璞曰："楢，刚木也，中车材。"即壳斗科植物槲树。④杻，参见西1-7注①。　⑤羬，参见西1-18注④。　⑥臭，参见中

窃脂

8-6注⑧。　　⑦兕,参见南3-2注②。　　⑧鹗,参见西1-17注⑤。
⑨窃脂,《尔雅》有鸟名此,即《诗经》中的桑扈,雀科动物,俗称
腊嘴,与此处描述不同。

【译文】再往东一百五十里,叫崍山,江水在这里发
源,向东流注入大江,水中有许多怪蛇和鳖鱼。树木多楢、
杻,又有许多梅、梓,兽类多夔牛、麢、臭、犀、兕。有一种
鸟,形状像鹗,红色的身体,白色的头,名叫窃脂,可以防
火。

中9-5 又东三百里,曰高梁之山①,其上多垩②,其下多
砥砺③,其木多桃枝、钩端④。有草焉,状如葵而赤华,荚
实白柎,可以走马。

【注释】①高梁之山,《五藏山经传》卷五:"梁州名取此
山。有大穴似梁,俗呼龙洞,背潜水出宁羌州西黄霸驿,西南流
来贯之而出,西至朝天镇注嘉陵江,江自此以下总名潜水也。"
②垩,参见西2-10注②。　　③砥砺,参见西4-19注⑦。　　④桃
枝、钩端,参见西1-14注④。

【译文】再往东三百里,叫高梁山,山上多产垩,山下
多产砥砺,树木多桃枝、钩端。有一种草,形状像葵,开红色
的花,有豆荚一样的果实和白色的花萼,用来喂马可以使马
跑得更快。

中9-6 又东四百里,曰蛇山①,其上多黄金,其下多
垩②,其木多栒③,多豫章④,其草多嘉荣⑤、少辛⑥。有兽
焉,其状如狐,而白尾长耳,名狼⑦狼,见则国内有兵。

【注释】①蛇山,《五藏山经传》卷五:"即巴山也,在今通

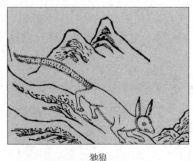
狍狼

江县北巴峪关，巴水所出，南会绥定河，西南至合州注嘉陵江，其水象蛇举首嘬物也。" ②垩，参见西2-10注②。 ③枸，参见北3-27注③。 ④豫章，参见西2-12注③。 ⑤嘉荣，在中7-8。 ⑥少辛，参见中7-13注④。 ⑦狍，音shǐ。

【译文】再往东四百里，叫蛇山，山上多产黄金，山下多产垩，树木多枸，又有许多豫章，草多嘉荣和少辛。有一种兽，形状像狐，白尾长耳，名叫狍狼，它的出现预示着该国会发生战争。

中9-7又东五百里，曰鬲山①，其阳多金，其阴多白珉②。蒲䲢③之水出焉，而东流注于江，其中多白玉。其兽多犀、象、熊、罴④，多猿、蜼⑤。

【注释】①鬲山，《五藏山经传》卷五："岷山东北涪水所出也。涪水两源，出中下羊洞土司，一东南流至阳地隘会东北一水折而西南，一西南流会三舍堡水折而东南会木瓜河，又东少南受左右各二水至龙安府治西北与东源合，又南经府治西而东南迳绵州潼川至合州，会嘉陵江南至重庆入江。源处水形似鬲，亦似瓿，又似黄鸟蛰倮，所谓蒲䲢也。蒲通匍；倮，不能飞也。（蜀人谓鸟飞不起为匍）" ②白珉，参见中8-9注②。 ③䲢，音hōng。 ④罴，参见西1-14注⑥。 ⑤蜼，汪绂曰："蜼，猿属，仰鼻岐尾，天雨则自悬树，而以尾塞鼻。"

【译文】再往东五百里，叫鬲山，山的南面多产金，北面多产白珉。蒲鹕水在这里发源，向东流注入江，水中多产白玉。兽类多犀、象、熊、罴，又有许多猿、蜼。

蜼

中9-8 又东北三百里，曰隅阳之山①，其上多金玉，其下多青䕩②，其木多梓桑，其草多茈③。徐之水④出焉，东流注于江，其中多丹粟⑤。

【注释】①隅阳之山，《五藏山经传》卷五："简州之龙泉山即隅阳山。"②青䕩，亦作"䕩"。青碧之类，参见西2-4注②。　③茈，参见西4-2注①。　④徐之水，《五藏山经传》卷五："徐当作馀，馀水，赤水河也，东流合西北一水迻州北入北江，山北则龙泉水北流会沱水入北江，又东南而南与赤水会，四流象嘄馀之形，亦象枭羊首也。"嘄馀，参见南2-6注①。　⑤丹粟，参见南2-1注⑦。

【译文】再往东北三百里，叫隅阳山，山上多产金、玉，山下多产青䕩，树木多梓、桑，草多茈。徐水在这里发源，向东流注入江，水中多产丹粟。

中9-9 又东二百五十里，曰岐山①，其上多白金，其下多铁，其木多梅、梓，多杻②、楢③。减水④出焉，东南流注于江。

【注释】①岐山，《五藏山经传》卷五："蓬溪县西北高凤山也。"　②杻，参见西1-7注①。　③楢，参见中9-4注③。　④减水，《五藏山经传》卷五："其水名马桑溪，东流南入涪水注江水,北有文井场,是多盐井,故为减水。减亦'鹹'字也。”

【译文】再往东二百五十里,叫岐山,山上多白金,山下多产铁,树木多梅和梓,又多杻、橿。减水在这里发源,向东南流注入江。

中9-10又东三百里,曰勾檷之山[①],其上多玉,其下多黄金,其木多栎柘,其草多芍药。

【注释】①勾檷(mí)之山,《五藏山经传》卷五:“檷同梟,牙豕之杙。勾,曲也。大竹县之竹溪水形似之。”

【译文】再往东三百里,叫勾檷山,山上多产玉,山下多产黄金,树木多栎、柘,草多芍药。

中9-11又东一百五十里,曰风雨之山[①],其上多白金,其下多石涅[②],其木多椒、榉[③],多杨。宣余之水[④]出焉,东流注于江,其中多蛇。其兽多闾[⑤]麋,多麈[⑥]、豹、虎,其鸟多白鹠[⑦]。

【注释】①风雨之山,《五藏山经传》卷五:“绥定府治达县东南高头铺也。” ②石涅,参见西2-5注②。 ③椒(zōu)、榉(shàn),郭璞曰:“椒木,未详也;榉木白理,中栌。” ④宣余之水,《五藏山经传》卷五:“其水今名沙河,北流少西经风洞铺至府东环曲西南会通川江,又西南左合二水入巴,其形钩曲似宣,垂屈似余也。曲处之南今名杨柳垭。”参见中11-31【注释】①。 ⑤闾,参见北2-3注②。 ⑥麈,参见中8-6注⑥。 ⑦白鹠,参见中8-4注⑤。

【译文】再往东一百五十里,叫风雨山,山上多产白金,山下多产石涅,树木多椒、榉,又有许多杨树。宣余水在这里发源,向东流注入江,水中有许多蛇。兽类多㺄、麋,又多麢、豹、虎,鸟类多白鷮。

中9-12 又东北二百里,曰玉山①,其阳多铜,其阴多赤金,其木多豫章②、楢③、杻④,其兽多豕、鹿、麢⑤、臭⑥,其鸟多鸩⑦。

【注释】①玉山,《五藏山经传》卷五:"山为今峨眉山也。" ②豫章,参见西2-12注③。 ③楢,参见中9-4注③。④杻,参见西1-7注①。 ⑤麢,参见西1-18注④。 ⑥臭,参见中8-6注⑧。 ⑦鸩,参见中8-4注⑦。

【译文】再往东北二百里,叫玉山,山的南面多产铜,北面多产赤金,树木多豫章、楢、杻,兽类多猪、鹿、麢、臭,鸟类多鸩。

中9-13 又东一百五十里,曰熊山①。有穴焉,熊之穴,恒出神人。夏启而冬闭;是穴也,冬启乃必有兵。其上多白玉,其下多白金,其木多樗②、柳,其草多寇脱③。

【注释】①熊山,《五藏山经传》卷五:"山在荣县北,威远县西,荣县河及威远河并象熊经自投也。" ②樗,参见西1-8注③。 ③寇脱,参见中5-14注⑦。

【译文】再往东一百五十里,叫熊山。山上有洞穴,是熊洞,常常出现神人。这个洞夏天开启,冬天关闭;冬天开启则必定会发生战争。山上多产白玉,山下多产白金,树木多樗、柳,草多寇脱。

中9-14 又东一百四十里,曰騩山①,其阳多美玉赤

熊山神

金，其阴多铁，其木多桃枝[②]、荆、芭[③]。

【注释】①魈山，《五藏山经传》卷五："在资州西北临江西岸，其北珠溪、资溪、杨华溪诸水象魈也。" ②桃枝，参见西1-14注④。 ③荆、芭，郝懿行曰："芭盖'芑'字之讹，芑又杞之假借字也。《南次二经》云：'虖勺之山，其下多荆杞。'《中次十一》经云：'历石之山，其木多荆芑。'并以荆芑连文，此误审矣。"参见南2-14注③。

【译文】再往东一百四十里，叫魈山，山的南面多产美玉、赤金，北面多产铁，树木多桃枝、荆棘和枸杞。

中9-15 又东二百里曰葛山[①]，其上多赤金，其下多瑊[②]石，其木多柤[③]、栗、橘、櫾[④]、楂[⑤]、杻[⑥]，其兽多麖[⑦]、㕙[⑧]，其草多嘉荣[⑨]。

【注释】①葛山，《五藏山经传》卷五："壁山城东分水岭也，其水屈曲如葛。" ②瑊，音jiān。 ③柤，参见中8-6注③。 ④櫾，参见中8-2注③。 ⑤楂，参见中9-4注③。 ⑥杻，参见西1-7注①。 ⑦麖，参见西1-18注④。 ⑧㕙，参见中8-6注⑧。 ⑨嘉荣，见中7-8。

【译文】再往东二百里，是葛山，山上多产赤金，山下多产瑊石，树木多柤、栗、橘、柚、楂、杻，兽类多麖、㕙，草多嘉荣。

中9-16 又东一百七十里，曰贾超之山①，其阳多黄垩②，其阴多美赭③，其木多柤④、栗、橘、櫾⑤，其中多龙修⑥。

【注释】①贾超之山，《五藏山经传》卷五："山在綦江县治，为清溪、松坎河会处。贾，估也。贾超，审所逾也，两水形似之。"指水形象商人看秤，其说颇迂曲。　②黄垩，参见西2-10注②。　③赭，参见北2-2注③。　④柤，参见中8-6注③。　⑤櫾，参见中8-2注③。　⑥龙修，郭璞曰："龙须也，似莞而细，生山石穴中，茎倒垂，可以为席。"

【译文】再往东一百七十里，叫贾超山，山的南面多产黄垩，北面多产美赭，树木多柤、栗、橘、柚，其中有许多龙修。

凡岷山之首，自女几山至于贾超之山，凡十六山，三千五百里。其神状皆马身而龙首。其祠：毛用一雄鸡瘗，糈用稌。文山①、勾櫨、风雨、騩之山，是皆冢也，其祠之：羞酒，少牢具，婴毛一吉玉。熊山，席②也，其祠：羞酒，太牢具，婴毛一璧。干儛，用兵以禳；祈璆③，冕④舞。

【注释】①文山，郝懿行曰："此上无文山，盖即岷山也。"　②席，郝懿行曰："席当为帝，字形之讹也，上下经文并以帝冢为对，此讹作席。"俞樾《读山海经》：

马身龙首神

"据下经'堵山冢也,骓山帝也'疑此文席字亦帝字之误。冢也,神也,则冢尊于神;冢也,帝也,则帝又尊于冢。盖冢不过君之通称,而帝则天帝也。古人属辞初无一定之例,而其意仍相准耳。"③璆,音qiú,美玉。参见西3-4注⑧。　④冕,礼帽。汪绂曰:"求福祥则祭用璆玉,而舞者用冕服以舞也。"

【译文】岷山一组,从女几山到贾超山,一共十六座山,三千五百里。山神的形状都是马的身体、龙的头。祭祀的礼仪为:毛物埋一只雄鸡,精米用粳稻。文山、勾㰍、风雨、骓山,都是众神之君,祭祀的礼仪为:先进献酒,再用少牢,婴用毛物和一块吉玉。熊山神是神中大帝,祭祀的礼仪为:先进献酒,再用太牢,婴用毛物和一块璧。祭祀要配以干儛,用兵器禳祭;祈祷用璆,并戴上礼帽跳舞。

中次十经

【题解】《五藏山经传》卷五："此经所志，陇首以西会宁、安定诸山也。"

中10-1中次十经之首，曰首阳之山①，其上多金玉，无草木。

【注释】①首阳之山，《五藏山经传》卷五："平凉府西北之六盘山上有牛营堡，其西北曰张义堡，实惟陇山之首。其阳则六盘道也。昔夷齐采薇于此，所谓'登彼西山'者矣。"

【译文】《中次十经》一组，第一座山是首阳山，山上多产金玉，没有草木。

中10-2又西五十里，曰虎尾之山①，其木多椒②、楀③，多封石④，其阳多赤金，其阴多铁。

【注释】①虎尾之山，《五藏山经传》卷五："即《西次三经》中曲之山也。东与大山相连，响水河出而西流，环山之南，象虎尾也。" ②椒，参见中7-11注②。 ③楀，参见北1-6注②。④封石，郝懿行曰："《本草别录》云：'封石味甘，无毒，生常山及少室。'下文游戏之山、婴侯之山、丰山、服山、声匈之山并多

国学经典读本

此石。"《石雅·色金》:"《中山经》云虎尾之山多封石,其阳多赤金,其阴多铁。赤金昔训铜,铁与铜每同处,则封石亦当与铜为近,疑即铜其质而石其形者。物以类聚,理宜然也。"

【译文】再往西五十里,叫虎尾山,树木多椒、椐,多产封石,山的南面多产赤金,北面多产铁。

中10-3又西南五十里,曰繁缋之山①,其木多楢②、杻③,其草多枝、勾④。

【注释】①繁缋(huì)之山,缋,有绘画义,旧时常与"绘"混用。清顾祖禹《读史方舆纪要》卷五十九会宁县:"东南五里有桃花山,土石皆赤如桃花。又城南十里有白土峰,又南十里有青土峰。《物产志》:县产五色土,可资藻缋。" ②楢,参见中9-4注③。 ③杻,参见西1-7注①。 ④枝、勾,汪绂曰:"盖桃枝、勾端也。"参见西1-14注④。

【译文】再往西南五十里,叫繁缋山,树木多楢、杻,草多桃枝、勾端。

中10-4又西南二十里,曰勇石之山①,无草木,多白金,多水。

【注释】①勇石之山,《五藏山经传》卷五:"用兵踊跃曰勇。勇石,趋而蹶石暨踊欲仆也。显圣漱水西流折西北象足蹶形也。"

【译文】再往西南二十里,叫勇石山,没有草木,多产白金,又有许多水流。

中10-5又西二十里,曰复州之山①,其木多檀,其阳多

258

黄金。有鸟焉，其状如鸮[2]，而一
足彘尾，其名曰跂踵，见则其国
大疫。

跂踵

【注释】①复州之山，《五藏山经
传》卷五："旋车曰复，马窍曰州。南玉
河与湫水俱西北流，从西视之象马旋蹲
其后足，而尿岔河出于其后，象州，故曰
复州，言方复方粪也。"　②鸮，参见西
1-17注⑤。

【译文】再往西二十里，叫复
州山，树木多檀，山的南面多产黄金。有一种鸟，形状像鸮，
一只脚，有猪尾，名叫跂踵，它的出现预示着该国会发生大
瘟疫。

中10-6 又西三十里，曰楮山，多寓木[1]，多椒[2]、柜[3]，多
柘，多垩[4]。

【注释】①寓木，参见中8-14注③。　②椒，参见中7-11注
②。　③柜，参见北1-6注②。　④垩，参见西2-10注②。

【译文】再往西三十里，叫楮山，山上有许多寓木，又
有许多椒、柜和柘，多产垩。

中10-7 又西二十里，曰又原之山[1]，其阳多青雘[2]，其
阴多铁，其鸟多鸜鹆[3]。

【注释】①又原之山，《五藏山经传》卷五："又山之北原
也。通渭县有又江水，俗呼为悠江水，导自北山，南流入渭，三源
象右手形，故山得名，亦犹闻喜有左水，曰左邑也。此原实山之

北麓尽处矣。" ②青腴，亦作"䴩"。青碧之类，参见西2-4注②。 ③鸜鹆（qú yù），又写作鸲鹆，即椋鸟科动物八哥。

【译文】再往西二十里，叫又原山，山的南面多产青腴，北面多产铁，鸟类多鸜鹆。

鸜鹆

中10-8 又西五十里，曰涿山①，其木多榖②、柞③、杻④，其阳多㻬琈⑤之玉。

【注释】①涿山，吕调阳校作"汤山"，《五藏山经传》卷五："今温泉山，在安定县东南。" ②榖，参见南1-1注⑦。 ③柞，参见西1-13注③。 ④杻，参见西1-7注①。 ⑤㻬琈，参见西1-4注⑤。

【译文】再往西五十里，叫涿山，树木多榖、柞、杻，山的南面多产㻬琈玉。

中10-9 又西七十里，曰丙山①，其木多梓、檀，多弞②杻。

【注释】①丙山，《五藏山经传》卷五："今双峪山也。" ②弞（shěn），郝懿行曰："《方言》云：'弞，长也，东齐曰弞。'郭注云：'弞，古矧字。'然则弞杻，长杻也。杻为木多曲少直，见陆玑《诗疏》。此杻独长，故著之。俟考。"参见西1-7注①。

【译文】再往西七十里，叫丙山，树木多梓、檀，又有许多弞杻。

凡首阳山之首,自首山至于丙山,凡九山,二百六十七里。其神状皆龙身而人面。其祠之:毛用一雄鸡瘗,糈用五种之糈①。堵山,冢也,其祠之:少牢具,羞酒祠,婴毛一璧瘗。骓山,帝也,其祠:羞酒,太牢其②;合巫祝③二人儛,婴一璧。

【注释】①五种之糈,汪绂曰:"黍、稷、稻、粱、麦也。" ②其,郝懿行曰:"其当为具字之讹。" ③巫祝,事鬼神者为巫,祭主赞词者为祝。

【译文】首阳山一组,从首山到丙山,一共九座山,二百六十七里。山神的形状都是龙身人面。祭祀的礼仪为:毛物埋一只雄鸡,精米用五种之精。堵山的山神是众神之君,祭祀的礼仪为:用少牢,再进献酒进行祭祀,婴用茅屋和一块璧埋入地下。骓山神是神中大帝,祭祀的礼仪为:先进献酒,然后用太牢,巫祝二人合舞,婴用一块璧。

龙身而人面神

中次一十一山经

【题解】《五藏山经传》卷五："此经所志，自湍汝而南旋逾江东抵于越诸山也。"

ф11-1中次一十一山经荆山之首，曰翼望之山①。湍水出焉，东流注于济；觊②水出焉，东南流注于汉③，其中多蛟④。其上多松、柏，其下多漆、梓，其阳多赤金，其阴多珉⑤。

【注释】①翼望之山，《五藏山经传》卷五："《禹贡》'荆河惟豫州。'荆谓唐邓以南，胎簪以西之山，其首起于熊耳之东内乡县，北之伏牛山，即翼山。翼望，义见前。" ②觊，音kuàng。 ③觊水，《五藏山经传》卷五："湍水在汝北象之，其水一源两分，一东北流为湍水，水形象县墨伸其臂指也，后人谓之汝水，东流屈东南，汝水自西来会，又东至郾城县南分二支，一东南会帝苑诸水东入颍为正流，一东至故女阳县南入颍，东与荥泽水会，即经所云东流注济者，汉魏间绝流谓之死汝，至元人始尽竭入颍，塞其南下之路，今遂为湍水经流也。一南出为觊水，后人谓之湍水，东南经内乡县邓州至新野县会白河，又南至襄阳县东北会唐河入汉，觊同兄，水南至邓州，象兄诱形也。"见西3-22。兄诱，未详。 ④蛟，郭璞曰："似蛇而四脚,小头细颈,有白癭,大者十数围,卵如一二石瓮,能吞人。" ⑤珉,参见中8-9注②。

【译文】《中次一十一山经》荆山一组,第一座叫翼望山。湍水在这里发源,向东流注入于济水;贶水在这里发源,向东南流注入汉水,水中有许多蛟。山上有许多松、柏,山下有许多漆、梓,山的南面多产赤金,北面多产珉。

中11-2 又东北一百五十里,曰朝歌之山①。潕水②出焉,东南流注于荥,其中多人鱼③。其上多梓、枏,其兽多㺐④、麋。有草焉,名曰莽草⑤,可以毒鱼。

【注释】①朝歌之山,《五藏山经传》卷五:"朝歌,义见前七经。"参见中5-8注①。 ②潕(wǔ)水,《五藏山经传》卷五:"潕即汝水,先儒谓之潩水,今名沙河也。" ③人鱼,参见西1-8注⑧。 ④㺐,参见西1-18注④。 ⑤莽草,汪绂曰:"即芒草也。"参见中2-7注④。

【译文】再往东北一百五十里,叫朝歌山。潕水在这里发源,向东南流注入荥水,水中有许多人鱼。山上有许多梓、枏,兽类多㺐、麋。有一种草,名叫莽草,可以用来毒鱼。

中11-3 又东南二百里,曰帝囷之山①,其阳多瑈琈②之玉,其阴多铁。帝囷之水出于其上,潜于其下,多鸣蛇。

【注释】①帝囷之山,《五藏山经传》卷五:"山在诸暨县东。帝囷义见《北次三经》,其水高湖水也,北与泌湖相属,溢于双桥溪水,西注浦阳江。" ②瑈琈,参见西1-4注⑤。

【译文】再往东南二百里,叫帝囷山,山的南面多产瑈琈玉,北面多产铁。帝囷水在山上发源,在它下面流淌,水中

国学经典读本

有许多鸣蛇。

中11-4又东南五十里，曰视山^①，其上多韭。有井焉，名曰天井，夏有水，冬竭。其上多桑，多美垩^②、金、玉。

【注释】① 视山，《五藏山经传》卷五："即浮玉山，今天目山也，东西二峰峰顶各有一池如目。"　② 美垩，参见西2-10注②。

【译文】再往东南五十里，叫视山，山上有许多韭。有一口井，名叫天井，夏天有水，冬天枯竭。山上有许多桑，又多产美垩、金、玉。

中11-5又东南二百里，曰前山^①，其木多楮^②，多柏，其阳多金，其阴多赭^③。

【注释】① 前山，《五藏山经传》卷五："高前东南也。今为鸡子河所出，在南召县东北，其水下合白河分为二，亦象前形。"参见中11-16注①。　② 楮（zhū），郭璞曰："似柞子，可食，冬夏生（青），作屋柱难腐。"　③ 赭，参见北2-2注③。

【译文】再往东南二百里，叫前山，树木多楮，又有许多柏，山的南面多产金，北面多产赭。

中11-6又东南三百里，曰丰山^①。有兽焉，其状如蝯^②，赤目、赤喙、黄身，名曰雍和，见则国有大恐。神耕父处之，常游清泠之渊，出入有光，见则其国为败。有九钟焉，是知霜鸣。其上多金，其下多榖^③、柞^④、杻^⑤、橿^⑤。

【注释】① 丰山，《五藏山经传》卷五："山在鄱阳湖口，所谓石钟山也，水落则鸣，故曰是知霜鸣，或夏水小时亦鸣也。兹

264

山郦氏得其凡,苏子寻其实,此经并详其数与故,古人之重博物如此。"　②蝯,即猿。　③榖,参见南1-1注⑦。　④柞,参见西1-13注③。　⑤杻、橿,参见西1-7注①。

雍和

【译文】再往东南三百里,叫丰山。有一种兽,形状像猿,红眼睛、红嘴、黄色的身体,名叫雍和,它一出现该国就会大恐慌。名叫耕父的神在这里,常在清冷之渊游荡,出入时会发出光亮,它一出现该国就会败落。有九钟,霜降时会发出鸣响。山上多产金,山下有许多榖、柞、杻、橿。

中11-7又东北八百里,曰兔床之山①,其阳多铁,其木多藷藇②,其草多鸡谷③,其本如鸡卵,其味酸甘,食者利于人。

【注释】①兔床之山,《五藏山经传》卷五:"在泌阳县东南马谷田。"参见中11-21注①。　②藷藇,参见北3-10注③。③鸡谷,郝懿行曰:"《广雅》云:'鸡狗獳哺公也。'说者谓即蒲公英。《唐本草》云:'蒲公草,一名耩耨草。'耩耨与狗獳声相近。谷字古有耩音,耩、狗之声又相近,疑此经'鸡谷'即《广雅》'鸡狗'矣。下文夫夫之山又作'鸡鼓',亦即鸡谷也。"

【译文】再往东北八百里,叫兔床山,山的南面多产铁,树木多藷藇,草多鸡谷,根像鸡蛋,味道酸中带甜,吃了对人有好处。

中11-8 又东六十里，曰皮山①，多垩②，多赭③，其木多松、柏。

【注释】①皮山，《五藏山经传》卷五："庐江县东之彭家冈，临于黄陂湖北岸，湖水南溢为黄泥河也。皮、陂通。" ②垩，参见西2-10注②。 ③赭，参见北2-2注③。

【译文】再往东六十里，叫皮山，山上多产垩和赭，树木多松、柏。

中11-9 又东六十里，曰瑶碧之山①，其木多梓枏，其阴多青雘②，其阳多白金。有鸟焉，其状如雉，恒食蜚③，名曰鸩④。

【注释】①瑶碧之山，《五藏山经传》卷五："章山东南也。山在潜山县西北百里，皖水西源所出，其地名花板石。" ②青雘，亦作"䨼"，青碧之类，参见西2-4注②。 ③蜚，郭璞曰："负盘也。"郝懿行曰："蜚见《尔雅》，郭注云：'蜚，负盘，臭虫。'" ④鸩，郭璞曰："此更一种鸟，非食蛇之鸩也。"

鸩

【译文】再往东六十里，叫瑶碧山，树木有许多梓树和枏树，山的北面多产青雘，南面多产白金。有一种鸟，形状像雉，常吃蜚，名字叫鸩。

中11-10 又东四十里，曰支离之山①。济水②出焉，南流注于汉。有鸟焉，其名曰婴勺，其状如鹊，赤目、赤喙、

白身,其尾若勺③,其鸣自呼。多㸲
牛④,多羬羊⑤。

婴勺

【注释】①支离之山,《五藏山经
传》卷五:"今裕州西北郦山,赵河所出
也。" ②济水,吕调阳校作"剂水",
《五藏山经传》卷五:"水与其东之李郁
朵山水并流而南,既合,东南则裕州之七
峰山水两源南流而合,又南折而西来会
四水参列象畓形,又西环曲而南少东,
又象刖者身仰,足不能立之形,故曰支离
也。" ③其尾若勺,郭璞曰:"似酒勺
形。" ④㸲牛,参见南1-5注⑤。 ⑤羬羊,参见西1-1注③。

【译文】再往东四十里,叫支离山。济水在这里发源,
向南流注入汉水。有一种鸟,名字叫婴勺,形状像鹊,红眼
睛、红嘴、白色的身体,尾巴像勺子形,它的名字是据自己的
叫声得来的。山上有许多㸲牛,又有许多羬羊。

中11-11 又东北五十里,曰秩篔之山①,其上多松、
柏、机、柏②。

【注释】①秩(zhì)篔(diāo)之山,吕调阳校作"秩衡之
山",《五藏山经传》卷五:"山在裕州北四十里,汉晋人讹呼为
雉衡,于此置雉县。其山或止称衡山,又因下文雉山为澧水所出,
即指此山水为澧水,皆缪也。秩,积帛也,一作'袠'。衡,平也。
此山东出二水,南水有襞褶处象积帛不伸,北水象尉之使平也。南
水即绲水,水形似缝人所用绳橐也。北水盖本名熨水,水形似火斗
也。" ②机、柏,郭璞曰:"柏,叶似柳,皮黄不措。子似拣,著酒

中饮之辟恶气，浣衣去垢，核坚正黑，可以闬香缨，一名括楼也。"郝懿行曰："机、柏，《广韵》引此经作'机栢'。《玉篇》云：栢木，叶似柳，皮黄白色。与郭义合。是此经及注并当作'栢'，今本作'柏'，字形之讹也。且柏已屡见，人所习知，不须更注，注所云云，又非是柏也。郭云'皮黄不措'，措当为槯，与皵同，见《玉篇》。'子似拣'，当从木旁为楝。陈藏器《本草拾遗》云：'无患子，一名栢。'引《博物志》云：'栢，叶似榉柳叶，核坚，正黑如壁，可作香缨及浣垢。'案所引正与郭注合，或即郭所本也。郭云'闬香缨'，'闬'字疑讹。"则栢为木名，即无患子科植物无患树。此处"机、柏"当为"机、栢"，机注在北1-1。

【译文】再往东北五十里，叫袄篃山，山上有许多松、柏、机、栢。

中11-12又西北一百里，曰堇理之山①，其上多松柏，多美梓，其阴多丹雘②，多金，其兽多豹、虎。有鸟焉，其状如鹊，青身白喙，白目白尾，名曰青耕，可以御疫，其鸣自叫。

【注释】①堇（qín）理之山，吕调阳校作"堇埋之山"，《五藏山经传》卷五："山在今汝州西南，即将孤山。养水四源东北流，右合堇沟水注湍，其南复有激水，与栢水同出将孤山，一东南流，一东北流，而合又东北注于湍，三水加汝之北象抔土掩覆道殣之形，故曰堇埋。堇，古'墐'字也。"墐，掩埋。 ②丹雘，参见南3-9注②、西2-4注②。

青耕

【译文】再往西北一百里，叫堇理山，山上有许多松、柏，又有许多美梓，山的北面多产丹腰和金。兽类多豹、虎。有一种鸟，形状像鹊，青色的身体，白色的嘴，眼睛和尾巴都是白的，名叫青耕，可以抵御瘟疫，它的名字是据自己的叫声得来的。

中11-13又东南三十里，曰依轱之山①，其上多杻、橿②，多苴③。有兽焉，其状如犬，虎爪有甲，其名曰獜④，善駚牮⑤，食者不风⑥。

【注释】①依轱（gū）之山，《五藏山经传》卷五："山在汝水屈东南处。轱，輵胡也。依作衣，以衣加胡也，肖水形。"輵胡，车辕前端下垂的木棍，停车时靠它挂地以保持车厢平衡。 ②杻、橿，参见西1-7注①。 ③苴（zhǎ），郝懿行曰："经内皆云其木多苴，疑苴即'柤'之假借字也；柤之借为苴，亦如杞之借为芑矣。"柤，参见中8-6注③。 ④獜（lín），郭璞曰："言体有鳞甲。" ⑤駚牮（yǎng fèn），郭璞曰："跳跃自扑也。" ⑥风，郭璞曰："不畏天风。"汪绂曰："或云无风疾也。"

獜

【译文】再往东南三十里，叫依轱山，山上有许多杻、橿，又有许多苴。有一种兽，形状像狗，虎爪，有鳞甲，名字叫獜，善于跳跃扑打，它的肉吃了可以预防风症。

中11-14又东南三十五里，曰即谷之山①，多美玉，多玄豹②,多闾③、麈④,多麢⑤、臭⑥。其阳多珉⑦,其阴多青䰠⑧。

【注释】①即谷之山,《五藏山经传》卷五:"山在襄城县西,即湛坂也。湛水东流注淯象即谷也。" ②玄豹,郭璞曰:"黑豹也,即今荆州山中出黑虎也。" ③闾,参见北2-3注②。④麈,参见中8-6注⑥。 ⑤麢,参见西1-18注④。 ⑥臭,参见中8-6注⑧。 ⑦珉,参见中8-9注②。 ⑧青䰠,亦作䰠。青碧之类,参见西2-4注②。

【译文】再往东南三十五里,叫即谷山,山上多产美玉,有许多玄豹,还有许多闾、麈和麢、臭。山的南面多产珉,北面多产青䰠。

中11-15又东南四十里,曰鸡山①,其上多美梓,多桑,其草多韭。

【注释】①鸡山,《五藏山经传》卷五:"山在泌阳东南高店,有卢家河两源西南流而合,又西会骓源北分之水,又西北至唐县南注淯水,合轳马水视之象雌鸡形。"

【译文】再往东南四十里,叫鸡山,山上有许多美梓,又有许多桑,草多韭。

中11-16又东南五十里,曰高前之山①。其上有水焉,甚寒而清,帝台之浆也,饮之者不心痛。其上有金,其下有赭②。

【注释】①高前之山,郝懿行曰:"《吕氏春秋·本味篇》云:'水之美者高泉之山,其上有涌泉焉'即此,泉、前声同也。《太平寰宇记》云:'内乡县高前山,今名天池山,在翼望山东五十里。'"吕调阳据此定高前之山在翼望之山（中11-1）后，《五藏山经传》卷五："案旧文高前山在鸡山后，依次数之已二千一百六十五里，《记》言在翼望东，据实也。""前，蚤揃也。溪水北合湍水象前，觋水象蚤也。"蚤揃，修剪指甲。蚤通爪，揃通剪。 ②赭，参见北2-2注③。

【译文】再往东南五十里，叫高前山。山上有水，清澈寒冽，是帝台的酒浆，喝了它不会心痛。山上产金，山下产赭。

中11-17 又东南三十里，曰游戏之山①，多枏、檀②、榖③，多玉，多封石④。

【注释】①游戏之山，《五藏山经传》卷五："山距潜山县六十馀里，在皖水东，水自西来，折而南而东南，北合数水，象水嬉之形也。" ②枏檀，参见西1-7注①。 ③榖，参见南1-1注⑦。④封石，参见中10-2注④。

【译文】再往东南三十里，叫游戏山，山上有许多枏、檀、榖，多产玉和封石。

中11-18 又东南三十五里，曰从山①，其上多松柏，其下多竹。从水出于其上，潜于其下，其中多三足鳖②，枝尾，食之无蛊疫。

【注释】①从山，《五藏山经传》卷五："今桐城县，故舒宗国县西之西龙眠山即从山也，从通宗，其水东南为倒流河如昭穆之一左一右也。又东南注菜子湖而西南溢出分枝潜为石城湖，一枝东南流至枞阳镇南入江。" ②三足鳖，郭璞曰："三足鳖名能，见《尔雅》。"

三足鳖

【译文】再往东南三十五里，叫从山，山上有许多松、柏，山下有许多竹子。从水在山上发源，在它下面流淌，水中有许多三足鳖，尾部分叉，吃了可以不得蛊病。

中11-19 又东南三十里，曰婴硬之山①，其上多松、柏，其下多梓、櫄②。

【注释】①婴硬之山，《五藏山经传》卷五："瑶碧西南珠岭山也。山之西南为珠子关，又南为玉珠畈，临南皖水之上。"②櫄，郝懿行曰："櫄即'杶'字，见《说文》。"参见中5-7注②。

【译文】再往东南三十里，叫婴硬山，山上有许多松、柏，山下有许多梓、櫄。

中11-20 又东南三十里，曰毕山①。帝苑之水②出焉，东北流注于视，其中多水玉，多蛟。其上多琈瑶③之玉。

【注释】①毕山，《五藏山经传》卷五："山在今泌阳县北，南汝河所出，县地故号毕阳，许氏《说文》作'必阳'，讹为弋阳，《后汉书》作'沘阳'，唐人改曰泌阳。其山今谓之华山，《说文》作'垂山'，《水经注》作'旱山'，并'毕'字之讹。其水一名毕水，《说文》作'渼水'，《水经注》作'比水'，皆'毕'声之讹也。而方俗传讹又别指轺马水为毕水，《后汉书》作'沘水'，郦氏改为'沘水'，今名泌河，又曰毘河，咸违经以立号，故靡从折中矣。毕者，两水并东南流，一折东北而合，又东北流，象升鼎所用叉毕也。"②帝苑之水，《五藏山经传》卷五："帝苑，养马之苑，以在轹马之北也。其水又东入汝，东南注雉，此经以视水为经川，故凡注雉，皆言注视也。" ③瑃珴，参见西1-4注⑤。

【译文】再往东南三十里，叫毕山。帝苑水在这里发源，向东北流注入视水，水中多产水晶，又有许多蛟。山上多产瑃珴玉。

Ф11-21又东南二十里，曰乐马之山①。有兽焉，其状如彙②，赤如丹火，其名曰𤟤③，见则其国大疫。

【注释】①乐马之山，吕调阳校作"轹马之山"，《五藏山经传》卷五："今灢水所出也。灢本名轹马水，其正源在泌阳县东六十

馀里，三水合西流至县城西南，灢水自北南流少东注之，又西迳大河屯北毘河西南流注之，又西迳唐县北入淯水，象卧马辗地之形，故曰轹马。（轹是车蹒物乍倾仄之形，马左右辗地似之。）又象卧兔，故其南曰兔床也。" ②彙，参见北2-12注②。 ③𤟤，音ní。

𤟤

【译文】再往东南二十里，叫乐马山。有一种兽，形状像彙，身体火红，名字叫𤟤，它的出现预示着该国会出现大瘟疫。

Ф11-22又东南二十五里，曰葴山①，视水②出焉，东南流注于汝水，其中多人鱼③，多蛟，多颉④。

【注释】①葴（zhēn）山，《五藏山经传》卷五："今名天目山，其水曰明河，东南会雉水，下合汝水。" ②视水，郭璞曰：

"或曰视宜为潕,潕水今在南阳也。" ③人鱼,参见西1-8注⑧。
④颉(xié),郭璞曰:"如青狗。"

【译文】再往东南二十五里,叫葴山,视水在这里发源,向东南流注入汝水,水中有许多人鱼,又有许多蛟和颉。

中11-23又东四十里,曰婴山①,其下多青雘②,其上多金玉。

【注释】①婴山,《五藏山经传》卷五:"长子县南丹朱岭,浊水两源象婴也。"参见西1-10注⑤。 ②青雘,亦作"䨣"。青碧之类,参见西2-4注②。

【译文】再往东四十里,叫婴山,山下多产青雘,山上多产金、玉。

中11-24又东三十里,曰虎首之山①,多苴②椆③椐④。

【注释】①虎首之山,《五藏山经传》卷五:"山在鸡山西南,即后世所指为桐柏山也。雉水自骀簪山来,东流经山北分二枝,一东北注鸡山水,一东南流,又分一枝北流注北水,又东南而南折,又曲折东流,象虎伏首形,故名。" ②苴,参见中11-13注③。 ③椆(chóu),吴其濬《植物名实图考》卷三十七:"江西之樟、湖南之椆所为什器几遍遐迩,然樟木江南多有,惟不逾岭而南,椆木则湖南而外无闻焉。字或作'梼',《新化县志》据《山经》作'椆',校为确晰。其木质重而坚,耐久不蛀,叶亦似樟,稍小;亦似山茶。枝干皮光而灰黑,木纹似栗而斜。" ④椐,参见北1-6注②。

【译文】再往东三十里,叫虎首山,多苴、椆、椐。

中11-25又东二十里，曰婴侯之山①，其上多封石②，其下多赤锡③。

【注释】①婴侯之山，《五藏山经传》卷五："山即婴侯水所出。" ②封石，参见中10-2注④。 ③赤锡，参见中8-14注④。

【译文】再往东二十里，叫婴侯山，山上多产封石，山下多产赤锡。

中11-26又东五十里，曰大騩之山①。杀水出焉，东北流注于视水，其中多白垩②。

【注释】①大騩之山，吕调阳校作"大术之山"，《五藏山经传》卷五："山在光山县西南墨斗关，其水曰竹竿河。长杀象竹竿，亦象旁道曲杀，故曰大术。术，所以通道之穷也。"其义未详。②白垩，参见西2-10注②。

【译文】再往东五十里，叫大騩山。杀水在这里发源，向东北流注入视水，水中多产白垩。

中11-27又东四十里，曰卑山①，其上多桃、李、苴②、梓，多累③。

【注释】①卑山，《五藏山经传》卷五："今王家冈，在信阳州西六十馀里，有三道河南自大王冲北流迳山东，折西北环曲东北注雅，象人俯躬形。" ②苴，参见中11-13注③。 ③累，郭璞曰："今虎豆、狸豆之属。"

【译文】再往东四十里，叫卑山，山上有许多桃、李、苴、梓，又有许多累。

中11-28又东三十里，曰倚帝之山①，其上多玉，其下多

狙如

金。有兽焉，状如獙②鼠，白耳白喙，名曰狙如，见则其国有大兵。

【注释】①倚帝之山，吕调阳校作"倚带之山"，《五藏山经传》卷五："山在信阳州南四十馀里，曰桃花山，有谭家河导源西北流折而北，象倚带形，即古申水。" ②獙，音fèi。

【译文】再往东三十里，叫倚帝山，山上多产玉，山下多产金。有一种兽，形状像獙鼠，白耳白嘴，名叫狙如，它的出现预示着该国会有大规模战争。

中11-29又东三十里，曰鲵山①，鲵水出于其上，潜于其下，其中多美垩②。其上多金，其下多青雘③。

【注释】①鲵（ní）山，《五藏山经传》卷五："今信阳州东南五十里曰灵山，有白龙池东北流出，名小黄河，盖即鲵水。" ②美垩，参见西2-10注②。 ③青雘，亦作"雘"。青碧之类，参见西2-4注②。

【译文】再往东三十里，叫鲵山，鲵水在山上发源，在它下面流淌，水中多产美垩。山上多产金，山下多产青雘。

中11-30又东三十里，曰雅山①。澧水②出焉，东流注于视水，其中多大鱼。其上多美桑，其下多苴③，多赤金。

【注释】①雅山，吕调阳校作"雒山"，《五藏山经传》卷五："山在光山县南新店塘。" ②澧水，《五藏山经传》卷五："澧

水今名潢河,流至光州东北名曰白露河,一作醴水,言白浊似醴
也。其水东北流右合诸小水象雉飞前其爪距之形,故山得名。"
③苴,参见中11-13注③。

【译文】再往东三十里,叫雅山。澧水在这里发源,向
东流注入视水,水中有许多大鱼。山上有许多美桑,山下有
许多苴,多产赤金。

中11-31又东五十五里,曰宣山①。沦水出焉,东南流
注于视水,其中多蛟。其上有桑焉,大五十尺,其枝四
衢②,其叶大尺馀,赤理黄华青柎,名曰帝女之桑③。

【注释】①宣山,《五藏山经传》卷五:"宣同亘,作室所用
钩援也,或以绳,或以竿,皆有援,古文作334,从二目上下也,从334象
形,亦作ᒫ,读若援。山在霍山县西北九十馀里,壁河出而东南流经
流波碙,又东至两河口会霍山水东北注视,象宣。沦,小波也。"
②其枝四衢,郭璞曰:"言枝交互四出。" ③"名曰"句,郭璞
曰:"妇女主蚕,故以名桑。"

【译文】再往东五十五里,叫宣山。沦水在这里发源,
向东南流注入视水,水中有许多蛟。山上有桑树,周长五十
尺,树枝分四叉,叶子有一尺多,有红色的纹理,开黄花,花
萼是青色的,名叫帝女桑。

中11-32又东四十五里,曰衡山①,其上多青雘②,多
桑,其鸟多鸐鹆③。

【注释】①衡山,《五藏山经传》卷五:"今山有天平关,在
朱砂岭东。" ②青雘,亦作"雘"。青碧之类,参见西2-4注②。
③鸐鹆,参见中10-7注③。

【译文】再往东四十五里，叫衡山，山上多产青雘，多桑，鸟类多是鸲鸹。

中11-33又东四十里，曰丰山，其上多封石①，其木多桑，多羊桃②，状如桃而方茎，可以为皮张③。

【注释】①封石，参见中10-2注④。　②羊桃，郭璞曰："一名鬼桃。"《五藏山经传》卷五："今舒城县西南卢镇关有竹桃园，竹桃华状似桃而叶如竹，其弱茎皆作三廉，俗呼曰夹竹桃，疑即羊桃也。"　③为皮张，郭璞曰："治皮肿起。"

【译文】再往东四十里，叫丰山，山上多产封石，树木多桑树，又有许多羊桃，形状像桃，茎是方的，可以用来治疗皮肤浮肿。

中11-34又东七十里，曰妪山①，其上多美玉，其下多金，其草多鸡谷②。

【注释】①妪山，《五藏山经传》卷五："游戏东也。今县北有野人砦，盖即妪山。妪谓野女也，又有黄婆坳，在砦北三十馀里也。"　②鸡谷，参见中11-7注③。

【译文】再往东七十里，叫妪山，山上多产美玉，山下多产金，草多鸡谷。

中11-35又东三十里，曰鲜山①，其木多楢②、杻③、苴④，其草多薯冬⑤，其阳多金，其阴多铁。有兽焉，其状如膜大⑥，赤喙、赤目、白尾，见则其邑有火，名曰狢⑦即。

【注释】①鲜山，《五藏山经传》卷五："在霍山县南三十六七里,有小河南流,经佛寺关西,而头陀河出霍山之南,西北流来会,曰小河口,折而东曰东流河,又循霍山西麓折而北,而西北会皋水,状鲜尾之形,故曰鲜山。" ②楢,参见中9-4注③。 ③杻,参见西1-7注①。 ④苴,参见中11-13注③。 ⑤蘴冬,参见中5-5

狕即

注②。 ⑥膜大,郝懿行曰:"大当为'犬'字之讹,《广韵》作'犬',可证。膜犬者,郭注《穆天子传》云:'西膜,沙漠之乡',是则膜犬即西膜之犬。今其犬高大獗毛,猛悍多力也。" ⑦狕,音yí。

【译文】再往东三十里,叫鲜山,树木多楢、杻、苴,草多蘴冬。山的南面多产金,北面多产铁。有一种兽,形状像膜犬,红嘴、红眼睛、白尾巴,它的出现预示着地方上将发生火灾,名字叫狕即。

中11-36 又东三十里,曰章山①,其阳多金,其阴多美石。皋水出焉,东流注于澧水,其中多脃②石。

【注释】①章山,《五藏山经传》卷五:"即霍山县西八十馀里方家坪,有烂泥坳水出而东流会燕子河,象臂鹰之形,又东会霍山水,又北会沧水注视。言注澧,变文耳。"参见西3-15注①。②脃,同"脆"。郝懿行曰:"说文云:'脃,小臬易断也。'此石臬薄易碎,故以名焉。"

【译文】再往东三十里,叫章山,山的南面多产金,北面多产美石。皋水在这里发源，向东流注入澧水，水中多产胚石。

中11-37又东二十五里，曰大支之山^①，其阳多金，其木多穀^②柞^③，无草木。

【注释】①大支之山，《五藏山经传》卷五："山在黟县西北，曰西武岭。岭北石垺贵池分水，南则黟县祁门分水也。"②穀，参见南1-1注⑦。 ③柞，参见西1-13注③。

【译文】再往东二十五里，叫大支山，山的南面多产金，树木多穀、柞，没有草木。

中11-38又东五十里，曰区吴之山^①，其木多苴^②。

【注释】①区吴之山，《五藏山经传》卷五："即南次三经区吴。"见南2-15。 ②苴，参见中11-13注③。

【译文】再往东五十里，叫区吴山，树木多是苴。

中11-39又东五十里，曰声匄之山^①，其木多穀^②，多玉，上多封石^③。

【注释】①声匄之山，《五藏山经传》卷五："县西北之水吼岭，在两水会也。" ②穀，参见南1-1注⑦。 ③封石，参见中10-2注④。

【译文】再往东五十里，叫声匄山，树木多穀树，多产玉，山上多产封石。

中11-40又东五十里，曰大騩之山^①，其阳多赤金，其阴多砥石^②。

【注释】①大騩之山,《五藏山经传》卷五:"宁国县西南丛山关也。大騩象东西两河合北流之形。" ②砥石,参见西4-19注⑦。

【译文】再往东五十里,叫大騩山,山的南面多产赤金,北面多砥石。

中11-41 又东十里,曰踵臼之山①,无草木。

【注释】①踵臼之山,《五藏山经传》卷五:"宁国县南狼山。踵臼,以足舂也,亦象水形。"

【译文】再往东十里,叫踵臼山,没有草木。

中11-42 又东北七十里,曰历石之山①,其木多荆、芑②,其阳多黄金,其阴多砥③石。有兽焉,其状如狸,而白首虎爪,名曰梁渠,见则其国有大兵。

【注释】①荆芑,参见南2-14注③。 ②历,郭璞曰:"或作'磨'。"郝懿行曰:"磨盖厤字之讹。"《五藏山经传》卷五:"叠石谓之厤石,在宁国东南石口镇也。"③砥,参见西4-19注⑦。

梁渠

【译文】再往东北七十里,叫历石山,树木多荆棘、枸杞,山的南面多产黄金,北面多产砥石。有一种兽,形状像狸,白色的头,长有虎爪,名叫梁渠,它的出现预示着该国会发生大规模战争。

中11-43又东南一百里,曰求山①。求水出于其上,潜于其下,中有美赭②。其木多苴③,多籀④。其阳多金,其阴多铁。

【注释】①求山,吕调阳校作"朮山",《五藏山经传》卷五:"即鹿吴山,今西天目山,在于潜县北,以产美朮,故名。"②赭,参见北2-2注③。 ③苴,参见中11-13注③。 ④籀,郭璞曰:"篸属。"参见西1-7注④。

【译文】再往东南一百里,叫求山。求水在山上发源,在它下面流淌,水中有美赭。树木多苴,又有许多籀。山的南面多产金,北面多产铁。

中11-44又东二百里,曰丑阳之山①,其上多椆②、

鸣鸹

駅鵌

椐③。有鸟焉,其状如乌而赤足,名曰駅鵌④,可以御火。

【注释】①丑阳之山,《五藏山经传》卷五:"双桥溪水即丑水,山在溪之北也。" ②椆,参见中11-24注③。 ③椐,参见北1-6注②。 ④駅鵌,音zhì tú。

【译文】再往东二百里叫丑阳山,山上有许多椆、椐。有一种鸟,形状像乌鸦,脚是红色的,名叫駅鵌,可以防火。

中11-45又东三百里,曰奥山①,其上多柏、杻、橿②,其阳多㻸珛③之玉。奥水出焉,东流注于视水。

【注释】①奥山，《五藏山经传》卷五："山在商城县南夹河店之南，史河西源所出也。室西南隅曰奥，于文从穴从臱，臱，古'审'字，自穴下视其掌也。山势自雉山东来折而南而东而北，象室形。史河两水四源并东北流象舒掌形而当其西南，故谓之奥也。"②杻、橿，参见西1-7注①。 ③瑹珚，参见西1-4注⑤。

【译文】再往东三百里，叫奥山，山上多柏、杻、橿，山的南面多产瑹珚玉。奥水在这里发源，向东流注入视水。

中11-46 又东三十五里，曰服山①，其木多苴②，其上多封石③，其下多赤锡④。

【注释】①服山，《五藏山经传》卷五："山在牛食畈之西，史河东源所出，是两水象服马，其外两源象骖也。" ②苴，参见中11-13注③。 ③封石，参见中10-2注④。 ④赤锡，参见中8-14注④。

【译文】再往东三十五里，叫服山，树木多苴，山上多产封石，山下多产赤锡。

中11-47 又东百十里，曰杳山①，其上多嘉荣②草，多金、玉。

【注释】①杳山，吕调阳校作"香山"，《五藏山经传》卷五："山在池州府正南近张溪河源处，亦曰香口。" ②嘉荣，在中7-8。

【译文】再往东一百十里，叫杳山，山上有许多嘉荣草，多产金、玉。

中11-48 又东三百五十里，曰凡山①，其木多栒②、檀、

闻獜

杻③，其草多香。有兽焉，其状如彲，黄身、白头、白尾，名曰闻獜④，见则天下大风。

【注释】①凡山，吕调阳校作"尧山"，《五藏山经传》卷五："山即尧光之山，香口河所出。" ②楢，参见中9-4注③。 ③杻，参见西1-7注①。 ④獜，音lín。

【译文】再往东三百五十里，叫凡山，树木多楢、檀、杻，草多是香草。有一种兽，形状像彲，黄色的身体、白头、白尾，名叫闻獜，它一出现天下就会刮大风。

凡荆山之首，自翼望之山至于凡山，凡四十八山，三千七百三十二里。其神状皆彲身人首。其祠：毛用一雄鸡祈，瘗用一珪，糈用五种之精。禾山①，帝也，其祠：太牢之具，羞瘗倒毛②，用一璧，牛无常。堵山、玉山③，冢也，皆倒祠④，羞毛少牢，婴毛吉玉。

【注释】①禾山，郝懿行曰："上文无禾山，或云帝困山之脱文，或云求山之误文。" ②瘗倒毛，汪绂曰："盖倒埋其牲也。" ③堵山，郝懿行曰："堵山见《中次十经》，玉山见《中次》八、九经，此经都无此二山，未审何字之讹。" ④倒祠，郝懿行曰："亦谓倒毛也。"

【译文】荆山一组，从翼望山到凡山，一共四十八座山，三千七百三十二里。山神的形状都是猪身人头。祭祀的礼仪为：毛物用一只雄鸡祈祷，埋一块珪，精米用黍、稷、稻、粱、麦五种精米。禾山山神是神中大帝，祭祀的礼仪为：用太牢，进献后倒埋，用一块璧，牛可有可无。堵山、玉山山神是众神之君，都用倒埋法祭祠，进献的毛物是少牢，婴用毛物和一块吉玉。

彘身人首神

中次十二经

【题解】《五藏山经传》卷五："此经所志，洞庭以西以东诸洞山也。"

ㄓ12-1中次十二经洞庭山之首，曰篇遇之山①，无草木，多黄金。

【注释】①篇遇之山，郭璞曰：篇"或作肩"。《五藏山经传》卷五："肩遇即宣余水所经之风洞山，水形似肩，新宁河入其东，亦屈垂如两肩相遇也。"

【译文】《中次十二经》洞庭山一组，第一座叫篇遇山，没有草木，多产黄金。

ㄓ12-2又东南五十里，曰云山①，无草木。有桂竹，甚毒，伤人必死。其上多黄金，其下多琈琈②之玉。

【注释】①云山，《五藏山经传》卷五："忠州东北白云山也。有淦井临淦溪河侧。淦同滃，音甘，盖常出云气，故名。今忠州驿曰云根是也。"《说文》："滃，云雨貌。" ②琈琈，参见西1-4注⑤。

【译文】再往东南五十里，叫云山，没有草木。有桂竹,毒性很强,伤人必定致死。山上多产黄金,山下多产璚珨玉。

中12-3 又东南一百三十里,曰龟山①,其木多、榖②、柞③、椆④、椐⑤,其上多黄金,其下多青雄黄⑥,多扶竹⑦。

【注释】①龟山,《五藏山经传》卷五:"山为葫芦溪水所导,名挂子洞,是多蠵龟。" ②榖,参见南1-1注⑦。 ③柞,参见西1-13注③。 ④椆,参见中11-24注③。 ⑤椐,参见北1-6注②。 ⑥青雄黄,参见西2-14注②。 ⑦扶竹,郭璞曰:"邛竹也。高节实中,中杖也,名之扶老竹。"

【译文】再往东南一百三十里,叫龟山,树木多榖、柞、椆、椐,山上多产黄金,山下多产青雄黄,多扶竹。

中12-4 又东七十里,曰丙山①,多筀竹②,多黄金、铜、铁,无木。

【注释】①丙山,《五藏山经传》卷五:"山在施南府利川县西,今名丙字垭,即夷水所出之很山也。" ②筀(guǐ)竹,郝懿行曰:"筀亦当为桂,桂阳所生竹,因以为名也。"

【译文】再往东七十里,叫丙山,山上有许多筀竹,多产黄金、铜、铁,没有树。

中12-5 又东南五十里,曰风伯之山①,其上多金、玉,其下多痠②石文石③,多铁,其木多柳、杻④、檀、楮。其东有林焉,名曰莽浮之林,多美木、鸟兽。

【注释】①风伯之山,《五藏山经传》卷五:"恩施县西南风井山也。穴口大如盆，夏则风出，冬则风入，寒飚骤发，六月中尤不可当。穴与长杨溪源之石穴潜通也。" ②痠，音suān。 ③文石，参见西4-3注②。 ④杻，参见西1-7注①。

【译文】再往东南五十里，叫风伯山，山上多产金、玉，山下多产痠石、文石，又多产铁。树木多柳、杻、檀、楮。东面有一个树林，名叫莽浮之林，林中有许多美木和鸟兽。

中12-6又东一百五十里，曰夫夫之山①，其上多黄金，其下多青雄黄②，其木多桑楮，其草多竹、鸡鼓③。神于儿居之，其状人身而身操两蛇，常游于江渊④，出入有光。

【注释】①夫夫之山，《五藏山经传》卷五："丙山东也。山在风井之北十馀里，有神穴平居无水，渴者诚启请乞辄得水，今名曰出水洞。山北及西有二水东北流，注清江河，象人倾偃有两势也。" ②青雄黄，参见西2-14注②。 ③鸡鼓，郝懿行曰："即鸡谷也。"参见中11-7注③。 ④江渊，《五藏山经传》卷五："宜都北有红花沱，盖所谓江渊矣。"

于儿

【译文】再往东一百五十里，叫夫夫山，山上多产黄金，山下多产青雄黄，树木多桑、楮，草多竹子和鸡鼓。名叫于儿的神住在这里，它长着人的身体，手握两条蛇，常在江渊游荡，出入时会发出光亮。

中12-7又东南一百二十里，曰洞庭之山①，其上多黄金，其下多银、铁，其木多柤②、梨、橘、櫾③，其草多葌④、蘪芜⑤、芍药、芎劳⑥。帝之二女居之，是常游于江渊⑦。澧沅之风，交潇湘之渊，是在九江⑧之间，出入必以飘风暴雨。是多怪神，状如人而载⑨蛇，左右手操蛇。多怪鸟。

【注释】①洞庭之山，《五藏山经传》卷五："山在永顺桑植县西七十馀里，曰上洞，与其东北四十里之下洞并临澧水之上，水象却车就位之形，其北之零水、辰水东西分流象屋宇形，故曰洞庭。庭之义谓左右有位也。巴陵陂亦号洞庭，以为洞庭山水所潴，亦如彭蠡之水潴为鄱阳湖，因号湖曰彭泽也。" ②柤，参见中8-6注③。 ③櫾，参见中8-2注③。 ④葌，参见中1-10注②。 ⑤蘪芜，郭璞曰："似蛇床而香也。"即蘼芜，参见西1-9注⑤。 ⑥芎劳，参见西4-8注①。 ⑦江渊，《五藏山经传》卷五："帝之二女各居一山，常从澧水，或道沅水而游于九江之渊。渊即巴陵陂水，为潇湘北流所迳也。" ⑧九江，《五藏山经传》卷五："湘水大派凡九：曰湘，曰观，曰营，曰耒，曰泳，曰渌，曰涟，曰浏，曰汨，皆湘流所合，谓之九江也。" ⑨载，郝懿行曰："载亦戴也，古字通。"

神二女

帝二女

【译文】再往东南一百二十里，叫洞庭山，山上多产黄金，山下多产银、铁，树木多柤、梨、橘、柚，草多葌、蘪芜、

洞庭怪神

芍药、芎䓖。天帝的两个女儿住在这里，她们常在江渊游荡。澧、沅之间的风，在潇湘之渊交汇，正在九江之间，所以她们出入必定伴随着暴风雨。这里有许多怪神，形状像人，都戴着蛇，也有两手拿着蛇的。又有许多怪鸟。

中12-8 又东南一百八十里，曰暴山①，其木多棕、枏、荆、芑②、竹箭、䉥、箘③，其上多黄金、玉，其下多文石④、铁，其兽多麋、鹿、麂⑤、就⑥。

【注释】①暴山，《五藏山经传》卷五：“暴疑‘皋’之讹。山盖即辰州东北马溺洞，有马溺水塘近南，即竹坪塘。” ②芑，参见南2-14注③。 ③箘，郭璞曰：“箘亦䉥类，中箭。”参见西1-7注④。 ④文石，参见西4-3注②。 ⑤麂，即麂。参见中8-4注④。 ⑥就，郭璞曰：“鵰也。”

【译文】再往东南一百八十里，叫暴山，树木多棕树、枏树、荆棘、枸杞、竹箭、䉥、箘，山上多产黄金和玉，山下多产文石和铁。兽类多麋、鹿、麂、就。

中12-9 又东南二百里，曰即公之山①，其上多黄金，其下多㻬琈②之玉，其木多柳、杻③、檀、桑。有兽焉，其状如龟，而白身赤首，名曰蛫④，是可以御火。

【注释】①即公之山，吕调阳校作“即谷之山”，《五藏山经传》卷五：“山在桃源县南，有桃源洞，沅水流迳其北似即谷也。”

②瑂珸,参见西1-4注⑤。 ③杻,参见西1-7注①。 ④蜼,音
guǐ。

【译文】再往东南二百里,叫即公山,山上多产黄金,
山下多产瑂珸玉,树木多柳、杻、檀、桑。有一种兽,形状像
龟,白色的身体,红色的头,名叫蜼,可以防御火灾。

中12-10又东南一百五十九里,曰尧山①,其阴多黄
垩②,其阳多黄金,其木多荆、芑③、柳、檀,其草多藷
萸④、茉⑤。

【注释】①尧山,《五藏山经传》卷五:"今洞庭湖中南岸
觜山,在沅口之东也。" ②黄垩,参见西2-10注②。 ③芑,参见
南2-14注③。 ④藷萸,参见北3-10注③。 ⑤茉,参见中5-2注
④。

【译文】再往东南一百五十九里叫尧山,山的北面多产
黄垩,南面多产黄金,树木多荆棘、枸杞、柳树和檀树,草多
藷萸和茉。

中12-11又东南一百里,曰江浮之山①,其上多银、砥
砺②,无草木,其兽多豕、鹿。

【注释】①江浮之山,《五藏山经传》卷五:"水上沤曰浮,
谓圜似鸟卵也。山即包山,今名鸡子团。山在澧口东也。" ②砥
砺,参见西4-19注⑦。

【译文】再往东南一百里,叫江浮山,山上多产银、砥
砺,没有草木,兽类多猪、鹿。

中12-12又东二百里,曰真陵之山①,其上多黄金,其下

多玉，其木多榖②、柞③、柳、杻④，其草多荣草。

【注释】①真陵之山，《五藏山经传》卷五："尧山东湘口之磊石山也。真，古颠字。" ②榖，参见南1-1注⑦。 ③柞，参见西1-13注③。 ④杻，参见西1-7注①。

【译文】再往东二百里叫真陵山，山上多产黄金，山下多产玉，树木多榖、柞、柳、杻，草多荣草。

中12-13又东南一百二十里，曰阳帝之山①，多美铜，其木多橿、杻②、㯉③、楮，其兽多羚④、麝。

【注释】①阳帝之山，《五藏山经传》卷五："平江县东北黄洞岭，铜坪在其南。" ②橿、杻，参见西1-7注①。 ③㯉（yǎn），即㯉桑，《尔雅·释木》："㯉桑，山桑。"郭璞注："似桑，材中作弓及车辕。"《本草纲目》卷三十六："桑有数种：有白桑，叶大如掌而厚；鸡桑，叶花而薄；子桑，先椹而后叶；山桑，叶尖而长。" ④羚，参见西1-18注④。

【译文】再往东南一百二十里，叫阳帝山，山上多产美铜，树木多橿、杻、㯉、楮，兽类多羚、麝。

中12-14又南九十里，曰柴桑之山①，其上多银，其下多碧②，多冷石③、赭④，其木多柳、芑⑤、楮、桑，其兽多麋鹿，多白蛇、飞蛇。

【注释】①柴桑之山，《五藏山经传》卷五："山在平江东南，曰卢洞，有水北入汩水，肖桑薪也。其西曰滑石桥矣。"②碧，青碧之类，参见西3-15注②。 ③冷石，参见西4-8注②。④赭，参见北2-2注③。 ⑤芑，参见南2-14注③。

【译文】再往南九十里，叫柴桑山，山上多产银，山下多产碧、泠石和赭，树木多柳、芑、楮、桑，兽类多麋、鹿，又有许多白蛇和飞蛇。

飞蛇

中12-15又东二百三十里，曰荣余之山①，其上多铜，其下多银，其木多柳、芑②，其虫多怪蛇、怪虫。

【注释】①荣余之山，《五藏山经传》卷五："山在袁州萍乡东南秀水河，其水三源，俱西北流十馀里而合，折东北会诸水，象华朵屈垂也。" ②芑，参见南2-14注③。

【译文】再往东二百三十里，叫荣余山，山上多产铜，山下多产银，树木多柳、芑，虫类多怪蛇和怪虫。

凡洞庭山之首，自篇遇之山至于荣余之山，凡十五山，二千八百里。其神状皆鸟身而龙首。其祠：毛用一雄鸡、一牝豚刉①，糈用稌。凡夫夫之山、即公之山、尧山、阳帝之山皆冢也，其祠：皆肆瘗②，祈用酒，毛用少牢，婴毛一吉玉。洞庭、荣余山神也，其祠：皆肆瘗，祈酒太牢祠，婴用圭璧十五，五采惠③之。

【注释】①刉（ㄐㄧ），祭礼中割刺牲畜以使出血。 ②肆瘗，郭璞曰："肆，陈之也。陈牲玉而后蓙藏之。" ③惠，郝懿行曰："义同藻绘之绘，盖同声假借字也。"

【译文】洞庭山一组，从篇遇山到荣余山，一共十五座山，二千八百里。山神的形状都是鸟身龙头。祭祀的礼仪

鸟身龙首神

为：毛物用一只雄鸡、一头母猪，取其血；精米用粳稻。夫夫山、即公山、尧山、阳帝山的山神都是众神之君，祭祀的礼仪为：供奉的牲、玉在陈列后埋下，祈祷用酒，毛物用少牢，婴用毛物和一块吉玉。洞庭、荣余的山神是他们的臣属，祭祀的礼仪为：供奉的牲、玉陈列后埋下，祈祷用酒，毛物用太牢，婴用圭璧十五块，玉要用五彩描绘。

右中经之山志，大凡百九十七山，二万一千三百七十一里。大凡天下名山五千三百七十，居地大凡六万四千五十六里。

【译文】以上是《中山经》的内容，共一百九十七座山，二万一千三百七十一里。天下名山共五千三百七十座，占地共六万四千零五十六里。

禹曰：天下名山，经五千三百七十山，六万四千五十六里，居地也。言其"五臧"[①]，盖其馀小山甚众，不足记云。天地之东西二万八千里，南北二万六千里，出水之山者八千里，受水者八千里，出铜之山四百六十七，出铁之山三千六百九十[②]。此天地之所分壤树谷也，戈矛之所发也，刀铩[③]之所起也，能者有馀，拙者不足。封于太山，禅于梁父④，七十二家，得失之数，皆在此内，是谓国用⑤。

【注释】①五臧，郝懿行曰："《汉书》云，'山海，天地之臧'，故此经称'五臧'。" ②"出铜"两句，《石雅·色金》："《山海经》一书备详产金、产银、产铜、产锡与产铁之山，而又有黄金、赤金、白金、赤银、赤铜、赤锡、白锡诸名，乃于终篇独以铜、铁概括之，则明铜、铁二义，非专指铜、铁言也。"谓铜、铁二字也指合金。参见中8-10注①。 ③铩，音shā，长而有刃的兵器。 ④"封于"两句，古代帝王祭天地，在泰山上筑土为坛，报天之功，称"封"；在泰山下的梁父山上辟场祭地，报地之德，称"禅"。 ⑤郝懿行曰："自'禹曰'已下，盖皆周人相传旧语，故管子援入《地数篇》，而校书者附著《五臧山经》之末。"

【译文】禹说：天下的名山，经过了五千三百七十座山，六万四千五十六里的占地。只说这"五臧"山，是因为其馀的小山还有很多，都不值得记录。天地之间东西相间距二万八千里，南北相距二万六千里，出水的山有八千里，受水的山也有八千里，产铜的山有四百六十七座，出铁的山有三千六百九十座。这是天地授予人划分地域、种植粮食的空间，也是生产兵器、进行战争的资源。能力强的富足有馀，能力差的贫困不足。古代成功的帝王会到太山和梁父山祭祀天地，传说这样的王者有七十二家，他们成败得失的运数都在这农业、军事的发展中流转，这就是所谓国家经费。

右《五臧山经》五篇，大凡一万五千五百三字。

【译文】以上是《五臧山经》五篇，共一万五千五百零三字。

卷六 海外南经

海外南经

【题解】《海外南经》是《海经》部分的开始。从《山海经》的全书来看，这里是一个分水岭：以下的内容与前面的《五臧山经》相比，无论在内容上还是行文上都有很大差异。前面内容多写实，所记载的山水、动植物、矿物等虽有不少不能知其详，但也有相当一部分是我们现在仍有、或从其他文献中可以找到线索的。此下的内容不再有里数的统计，不再有祭祀的相关内容，记录的对象也由山水变为一个个我们闻所未闻的国度，其中夹杂了不少神话故事。整个《海经》靠前的部分相对有条理，越是往后越显得前后之间缺乏联系，甚至有些段落显得和上下文之间很不和谐。同时，又有许多段落在记载了一个内容之后，又有"一曰"领起的一段相似文字，看上去像是刘向那个时候的人就看到了一个以上版本的《海经》，至于其详情已不可知晓了。

《海外南经》基本上都是按照方位排列的国度的记录，其中也夹杂一些神灵和奇特的动植物，总计十三个国、三座山，其馀神灵、鸟兽、树木共六个。

地之所载,六合①之间,四海之内,照之以日月,经②之以星辰,纪之以四时,要③之以太岁④,神灵所生,其物异形,或夭或寿,唯圣人能通其道。

【注释】①六合,天地四方,整个宇宙的巨大空间。 ②经,治理。 ③要,矫正、更正。 ④太岁,古代天文学中假设的岁星。又称岁阴或太阴。古代认为岁星(即木星)十二年一周天(实为11.86年),因将黄道分为十二等分,以岁星所在部分作为岁名。但岁星运行方向自西向东,与将黄道分为十二支的方向正相反,故假设有一太岁星作与岁星运行相反方向的运动,以每年太岁所在的部分来纪年。

【译文】凡大地所承载,宇宙之间凡被日月星辰所照耀治理被四时太岁所计数矫正,那些神灵衍生的万物,形状各异,生存的时间也有长有短,只有圣人才能明了其中的道理。

海外自西南陬①至东南陬者。

【注释】①陬(zōu),角落。

【译文】海外从西南角到东南角。

结匈国

外南-1结匈国在其西南①,其为人结匈②。

【注释】①其西南,"海外四经"可能是由一组零散的记录整理而成,这些记录的对象在空间方位上呈环形,因此这个"其"可能是指下文同在海外西南角的灭蒙鸟,以下的"其"则都指上一条所述对象。　②结匈,郭璞曰:"臆前胅出,如人结喉也。"

【译文】结匈国在它的西南面,这里的人胸骨向前突出。

外南-2南山在其东南。自此山来,虫为蛇,蛇号为鱼。一曰南山在结匈东南。

【译文】南山在它的东南。从这座山过来,虫被称为蛇,蛇被称为鱼。一说南山在结匈国东南。

外南-3比翼鸟在其东,其为鸟青、赤,两鸟比翼①。一曰在南山东。

【注释】①比翼鸟,郝懿行曰:"比翼鸟即蛮蛮也。"见西3-1。

羽民国

【译文】比翼鸟在它的东面,这种鸟有青、赤两种颜色,两只鸟的翅膀互相配合才能飞。一说在南山东。

外南-4羽民国在其东南,其为人长头,身生羽①。一曰在比翼鸟东南,其为人长颊。

【注释】①"其为"句,郭璞曰:"能飞不能远,卵生,画似仙人也。"

【译文】羽民国在它的东南,这里的人头很长,身上长有羽毛。一说在比翼鸟的东南,这里的人面颊很长。

外南-5有神人二八,连臂,为帝司夜①于此野,在羽民东。其为人小颊赤肩。尽十六人。

【注释】①司夜,主管夜间报时。

【译文】有神人名叫二八,手臂相连,在这里的荒野做天帝的更夫,在羽民国的东面。这个神面颊很小,肩膀是红色的。一共十六个人。

外南-6毕方鸟①在其东,青水西,其为鸟人面一脚。一曰在二八神东。

【注释】①毕方鸟,见西2-16。

【译文】毕方鸟在它的东面,青水的西面,这种鸟长着人的面孔,只有一只脚。一说在二八神的东面。

外南-7讙头国在其南,其为人人面有翼,鸟喙,方捕①鱼。一曰在毕方东。或曰讙朱国。

【注释】①方,正。《海经》部分是依图而作的文字,所以常有这种画面感很强的表述。

讙头国

【译文】讙头国在它的南面,这里的人有人的面孔,有翅膀,长着鸟的嘴,正在捕鱼。一说在毕方的东面。或叫讙朱国。

外南-8厌火国在其国南,兽身黑色,生火出其口

厌火国

中①。一曰在讙朱东。

【注释】①"兽身"两句，郭璞曰："言能吐火，画似狝猴而黑色也。"

【译文】厌火国在它的南面，这里的人长着兽类的身体，呈黑色，火从嘴里生出。一说在讙朱的东面。

外南-9 三株树在厌火北，生赤水上，其为树如柏，叶皆为珠。一曰其为树若彗①。

【注释】①彗，彗星，俗称扫帚星。

【译文】三株树在厌火国的北面，生长在赤水上，这种树像柏，叶子都是珠子。一说这种树像彗星。

外南-10 三苗国在赤水东，其为人相随。一曰三毛国。

【译文】三苗国在赤水的东面，这里的人相互跟随。一说叫三毛国。

外南-11 载①国在其东，其为人黄，能操弓射蛇。一曰载国在三毛东。

【注释】①载，音zhí。

【译文】载国在它的东面，这里的人呈黄色，能拿

载国

弓箭射蛇。一说载国在三毛
的东面。

贯匈国

外南-12 贯匈①国在其
东,其为人匈有窍。一曰
在载国东。

【注释】①匈,即胸,贯
匈亦称穿胸。

【译文】贯匈国在它的东面,这里的人胸部有孔窍。一
说在载国的东面。

外南-13 交胫国在其东,其为人交胫①。一曰在穿匈
东。

【注释】①交胫,郭璞曰:"言脚胫
曲戾相交,所谓雕题、交趾者也。"

交胫国

【译文】交胫国在它的东面,这
里的人腿骨弯曲交结。一说在穿匈国
的东面。

外南-14 不死民在其东,其为人
黑色,寿,不死。一曰在穿匈国
东。

【译文】不死民在它的东面,这里的人呈黑色,长生不
死。一说在穿匈国的东面。

外南-15 岐舌①国在其东。一曰在不死民东。

【注释】①岐舌，郭璞曰："其人舌皆岐，或云支舌也。"郝懿行曰："支舌即岐舌也。"岐，分岔，与"支"字同义。

【译文】岐舌国在它的东面。一说在不死民的东面。

外南-16昆仑虚①在其东，虚四方。一曰在岐舌东，为虚四方。

【注释】①昆仑虚，《说文》："虚，大丘也。昆仑丘谓之昆仑虚。"段玉裁注："虚者，今之墟字，犹'昆仑'，今之'崐崘'字也。虚本谓大丘，大则空旷，故引伸之为空虚。"

【译文】昆仑山在它的东面，山是四方形的。一说在岐舌的东面，山是四方形的。

外南-17羿①与凿齿②战于寿华③之野，羿射杀之。在昆仑虚东。羿持弓矢，凿齿持盾。一曰戈。

【注释】①羿，古代神话传说中擅长射箭的人。另外传说夏有穷氏国君也名叫羿，也善射，因不修民事，为家臣寒浞所杀。

三首国

②凿齿，郭璞曰："凿齿亦人也，齿如凿，长五六尺，因以名云。" ③寿华，南方泽名。

【译文】羿与凿齿在寿华之野开战，羿射杀了他。事情发生在昆仑山的东面。羿拿着弓箭，凿齿拿着盾。一说戈。

外南-18三首国在其东，其为人一身三首。一曰在凿齿东。

【译文】三首国在它的东面，这里的人一个身体三个头。一说在凿齿的东面。

周饶国

外南-19 周饶国在其东，其为人短小，冠带①。一曰焦侥②国在三首东。

【注释】① 郭璞曰："其人长三尺，穴居，能为机巧，有五谷也。" ② 侥，音yáo。

【译文】周饶国在它的东面，这里的人身材短小，戴帽子，束腰带。一说焦侥国在三首的东面。

外南-20 长臂国在其东，捕鱼水中，两手各操一鱼①。一曰在焦侥东，捕鱼海中。

【注释】① "长臂"三句，郭璞曰："旧说云：其人手下垂至地。魏黄初中，玄菟太守王颀讨高句丽王宫，穷追之，过沃沮国，其东界临大海，近日之所出，问其耆老海东复有人否，云：尝在海中得一布褐，身如中人，衣两袖长三丈，即此长臂人衣也。"

长臂国

【译文】长臂国在它的东面，在水中捕鱼，两只手各拿一条鱼。一说在焦侥的东面，在海中捕鱼。

外南-21 狄山，帝尧葬于阳①，帝

喾葬于阴。爰有熊、罴、文虎②、蜼③、豹、离朱④、视肉⑤。吁咽⑥、文王皆葬其所。一曰汤山。一曰爰有熊、罴、文虎、蜼、豹、离朱、鸱久⑦、视肉、虖交⑧。其范林⑨方三百里。

【注释】①"帝尧"句，郭璞曰："《吕氏春秋》曰：'尧葬谷林。'今阳城县西、东阿县城次乡中、赭阳县湘亭南，皆有尧冢。"②文虎，郭璞曰："雕虎也。"即虎的美称，虎身毛纹如雕画，故名。 ③蜼，郭璞曰："狖猴类。"参见中9-7注⑤。 ④离朱，郭璞曰："木名也，见《庄子》。今图作赤鸟。" ⑤视肉，郭璞曰："聚肉，形如牛肝，有两目也，食之无尽，寻复更生如故。" ⑥吁咽，众注家皆不详，因下文"文王"之后有"皆"，故以吁咽为人名。而郝懿行以为吁咽也是一种异物，故以下文虖交为吁咽的另一种写法。 ⑦鸱久，郭璞曰："鸲鹠之属。"鸲鹠即鸺鹠。 ⑧虖交，郝懿行曰："即吁咽也，吁、虖声相近。" ⑨范林，郭璞曰："言林木氾滥布衍也。"据此，范林并非地名。而郝懿行曰："范林，《海内南经》作'氾林'。范、氾通。"则又似以范林为地名。下文内南-8、内北-17各有一氾林。

【译文】狄山，帝尧葬在它的南面，帝喾葬在它的北面。这里有熊、罴、文虎、蜼、豹、离朱、视肉。吁咽、文王都埋葬在这里。一说汤山。一说这里有熊、罴、文虎、蜼、豹、离朱、鸱久、视肉、虖交，有范林方圆三百里。

外南-22南方祝融①，兽身人面，乘两龙。

【注释】①祝融，郭璞曰："火神也。"

【译文】南方的祝融，兽身人面，驾驭两条龙。

卷七 海外西经

海外西经

【题解】这部分记录了十个国、四个山野,其馀神灵及鸟兽共七个。从这部分开始,渐渐出现一些难以理解、难以读通的段落。

海外自西南陬至西北陬者。
【译文】海外从西南角到西北角。

外西-1灭蒙鸟在结匈国北,为鸟青,赤尾。
【译文】灭蒙鸟在结匈国的北面,这种鸟青色,尾巴是红色的。

外西-2大运山高三百仞,在灭蒙鸟北。
【译文】大运山高三百仞,在灭蒙鸟的北面。

外西-3大乐之野,夏后启①于此儛九代②,乘两龙,云盖三层。左手操翳③,右手操环④,佩玉璜⑤。在大运山北。一曰大遗之野。
【注释】①夏后启,禹受舜禅建立夏王朝,称夏后氏,禹死

夏后启

后传位给儿子启，就是夏后启。 ②九代，郭璞曰："九代，马名，俑谓盘作之令舞也。"郝懿行曰："九代，疑乐名也。《竹书》云：'夏帝启十年，帝巡狩，舞九韶于大穆之野。'《大荒西经》亦云：'天穆之野，启始歌九招。'招即韶也。疑九代即九招矣。又《淮南·齐俗训》云：'夏后氏其乐夏籥九成。'疑九代本作九成，今本传写形近而讹也。李善注王融《三月三日曲水诗序》引此经云：'舞九代马。'疑'马'字衍。而《艺文类聚》九十三卷及《太平御览》八十二卷引此经亦有'马'字，或并引郭注之文也。舞马之戏恐非上古所有。"俞樾与郝懿行大意相近，但以为"九代"是"九戈"之误，"九戈"又是"九歌"的音讹。 ③翳，用羽毛做的华盖。 ④环，璧的一种，圆圈形的玉器。 ⑤璜，玉器名。状如半璧。

三身国

【译文】大乐野，夏后启曾在这里上演《九代》舞，驾驭两条龙，上面有三层像伞盖一样的祥云。左手拿着翳，右手拿着环，身上佩戴玉璜。在大运山的北面。一说大遗野。

外西-4 三身国在夏后启北，一首

而三身。

【译文】三身国在夏后启的北面，人都一个头、三个身体。

一臂国

外西-5一臂国在其北，一臂一目一鼻孔。有黄马虎文，一目而一手。

【译文】一臂国在它的北面，这里的人一条手臂、一只眼、一个鼻孔。有一种黄色的马，身上有虎纹，一只眼，一条手臂。

外西-6奇肱之国在其北，其人一臂三目，有阴有阳，乘文马①。有鸟焉，两头，赤黄色，在其旁。

【注释】①"有阴"两句，郭璞曰："阴在上，阳在下，文马即吉良也。"见内西-4。

【译文】奇肱国在它的北面，这里的人一条手臂三只眼，有阴有阳，骑文马。有一种鸟，两个头，身体赤黄色，在它的旁边。

奇肱国

外西-7形天与帝至此争神，帝断其首，葬之常羊之山，乃以乳为目，以脐为口，操干戚①以舞。

【注释】①操干戚，郭璞曰："干，盾；戚，斧也。是为无首之民。"

【译文】形天和天帝到这里争夺神位，天帝砍了形天的头，把他葬

形天

在常羊山，形天就以乳头为眼，以肚脐为口，挥舞盾和斧头。

外西-8女祭女戚在其北，居两水间，戚操鱼鮂①，祭操俎②。鹭鸟、鶬鸟③，其色青黄，所经国亡。在女祭北。鹭鸟人面，居山上。一曰维鸟，青鸟、黄鸟所集。

【注释】①鮂，参见北1-2注④。②俎，古代祭祀的礼器，用来放置祭祀用的牲畜，后来也指切肉用的砧板。③鹭（cí）、鶬（dǎn），郭璞曰："此应祸之鸟，即今枭、鹎鹠之类。"

【译文】女祭、女戚在它的北面，住在两水之间，女戚拿着鱼鮂，女祭拿着俎。鹭鸟、鶬鸟，体色青黄，它们所经过的国必定会灭亡，在女祭的北面。鹭鸟长着人的面孔，住在山上。一说叫维鸟，是青鸟和黄鸟所集。

外西-9丈夫国在维鸟北，其为人衣冠带剑①。

【注释】①"丈夫"两句，郭璞曰："殷帝太戊使王孟采药，从西王母至此，绝粮，不能进，食木实，衣木皮，终身无妻，而生二子，从形中出，其父即死，是为丈夫民。"

【译文】丈夫国在维鸟的北面，这里的人穿衣戴冠，随身带剑。

外西-10女丑之尸，生而十日炙杀之①。在丈夫北。以右手鄣②其面。十日居上，女丑居山之上。

【注释】① "女丑"两句,郝懿行曰:"十日并出,炙杀女丑,于是尧乃命羿射杀九日也。" ②鄣,同障,遮蔽。

【译文】女丑尸,出生后就被十个太阳烤死。在丈夫国的北面,用右手遮着脸。十个太阳在天上,女丑住在山上。

女丑尸

外西-11巫咸国在女丑北,右手操青蛇,左手操赤蛇,在登葆山,群巫所从上下也①。

【注释】① "群巫"句,郭璞曰:"采药往来。"

【译文】巫咸国在女丑的北面,有人右手拿着青蛇,左手拿着赤蛇,在登葆山,群巫上下往来的地方。

外西-12并封在巫咸东,其状如彘,前后皆有首①,黑。

【注释】① "前后"句,郭璞曰:"今弩弦蛇亦此类也。"郝懿行曰:"弩弦蛇即两头蛇也。"

【译文】并封在巫咸的东面,形状像猪,前后都有头,黑色。

并封

外西-13女子国在巫咸北,两女子居,水周之①。一曰居一门中^②。

【注释】①水周之，郭璞曰："有黄池，妇人入浴，出即怀妊矣。若生男子，三岁辄死。" ②"一曰"句，郝懿行曰："居一门中，盖谓女国所居，同一聚落也。"

【译文】女子国在巫咸的北面，两个女子住在这里，有水围绕着。一说住在一个门里。

外西-14轩辕之国在此穷山之际，其不寿者八百岁。在女子国北。人面蛇身，尾交首上。

【译文】轩辕国在这穷山的边缘，这里的人寿命不长的有八百岁。在女子国的北面。他们都是人面蛇身，尾巴绕在头上。

外西-15穷山在其北，不敢西射，畏轩辕之丘^①。在轩辕国北。其丘方，四蛇相绕。

【注释】①"不敢"两句，郭璞曰："言敬畏黄帝威灵，故不敢向西而射也。"

【译文】穷山在它的北面，这里的人不敢向西射箭，因为畏惧轩辕丘的威严。轩辕丘在轩辕国的北面，丘是方的，有四条蛇互相缠绕。

轩辕国

外西-16此诸天^①之野，鸾鸟自歌，凤鸟自舞；凤皇卵，民食之；甘露，民饮之，所欲自从也^②。百兽相与群居。在四蛇北。其人两手操卵食之,两鸟居前导之。

【注释】①天,同沃。 ②"凤凰"五句,郭璞曰:"言滋味无所不有,所愿得自在,此谓天野也。"

【译文】这个诸夭野,有鸾鸟自在地歌唱,凤鸟自在地起舞;凤凰生蛋,住民拿来吃;天降甘露,住民拿来喝,这里是随心所欲的地方。百兽在这里相伴群居。在四蛇的北面。这里的人两手拿着蛋在吃,两只鸟在前面引导。

外西-17龙鱼①陵居②在其北,状如狸。一曰鰕③。即有神圣乘此以行九野④。一曰鳖鱼在天野北,其为鱼也如鲤。

【注释】①龙鱼,《石雅·形象》:"疑龙鱼义与鱼龙同,《博物志》云水神乘鱼龙,正犹经言神巫乘龙鱼也。《水经注》卷十七云,汧水东北流,历涧注以成渊,潭涨不测,出五色鱼,俗以为灵,因谓是水为龙鱼水,自下亦通谓之龙鱼川。是陇西之鱼龙,昔亦或名龙鱼也。"章氏这一节本来是专论古生物化石一类的石头,由陕西的鱼龙石而涉及龙鱼,而关于"龙鱼"所引资料多指鱼类,所以最后章氏又引《淮南子·墬形训》中龙鱼作"碻鱼",曰:"碻字从石旁者,非鱼而石者乎?然则龙鱼之名古矣。"最终也未明确指证此处的龙鱼是鱼、是石,还是鱼化石。 ②陵居,居于高地。 ③鰕,音xiā。 ④九野,郭璞曰:"九域之野。"泛指九州大地。

龙鱼

【译文】龙鱼住

乘黄

在它北面的高处，形状像狸。一说鰕。有神人乘着它漫游九州。一说鳖鱼在天野的北面，这种鱼像鲤。

外西-18白民之国在龙鱼北，白身被发。有乘黄，其状如狐，其背上有角，乘之寿二千岁。

【译文】白民国在龙鱼的北面，这里的人身体白色，披散着头发。有一种叫乘黄的兽，形状像狐，背上有角，骑上它可以活二千岁。

肃慎国

外西-19肃慎之国在白民北，有树名曰雄常，先入伐帝，于此取之①。

【注释】①"有树"三句，郭璞曰："其俗无衣服，中国有圣帝代立者，则此木生皮可衣也。"正文"先入伐帝"四字疑有讹误，诸家解说都难以使文义通畅，但大意当是中国有圣人代为建立肃慎国，进而取雄常树皮做衣服的意思。

【译文】肃慎国在白民国的北面，有一种树名叫雄常，圣人代为立国，并取这种树的皮做衣服。

外西-20长股之国在雄常北，被发①。一曰长脚。

【注释】①"长股"二句，郭璞曰："国在赤水东也。长臂人身如中人而臂长二丈，以类推之，则此人脚过三丈矣。黄帝时至。或曰，长脚人常负长臂人入海中捕鱼也。"长臂国在外南-20。

【译文】长股国在雄常国的北面，这里的人披散着头发。一说长脚。

外西-21西方蓐收，左耳有蛇，乘两龙。

【注释】①蓐收，参见西3-21注②。

【译文】地处西方的蓐收，左耳有蛇，乘两条龙。

卷八 海外北经

海外北经

【题解】这部分记录了九个国、五个山野，其馀神灵及鸟兽草木共七个。

海外自东北陬至西北陬者[①]。

【注释】①"海外"句，《淮南子·墬形训》所记以下诸国也说"自东北至西北方"，但诸国排列次序正好相反，从跂踵国开始，到无继国（即无骭国）结束。毕沅以为是《淮南子》有误，然而就此下记录来看，既然是从东北到西北，则下一国应在上一国之西，而现在排列是一国在前一国之东，所以仍应是这里改作"西北陬至东北陬"为宜。

【译文】海外从东北角到西北角。

无骭国

外北-1无骭[①]之国在长股东，为人无骭。

【注释】①骭（qi），郭璞曰："綮，肥肠也。其人穴居，食土，无男女，死即薶之,其心不朽,死百廿岁乃复更生。"肥肠,即腓肠,俗称小腿肚。《说文》"腓"字下段玉裁注:"诸书或言膊肠,或言腓肠,谓胫骨后之肉也。腓之言肥,似中有肠者然,故曰腓肠。"

【译文】无脅国在长股国的东面,这里的人没有小腿肚。

外北-2锺山之神,名曰烛阴,视为昼,瞑为夜,吹为冬,呼为夏,不饮,不食,不息。息①为风,身长千里。在无脅之东。其为物,人面,蛇身,赤色,居锺山下。

【注释】①息,郭璞曰:"气息也。"

【译文】锺山之神名叫烛阴,它睁开眼是白天,闭上眼是黑夜,吹气是冬天,呼气是夏天,它不喝不吃,不总是呼吸,一呼吸就成为风,身体长达千里。在无脅的东面。这个神长着人的面孔,蛇的身体,红色,住在锺山下。

外北-3一目国在其东,一目中其面而居。一曰有手足。

【译文】一目国在它的东面,一只眼生在面部的正中。一说有手足。

一目国

外北-4柔利国在一目东,为人一手一足,反劙曲足居上①。一云留利之国,人足反折②。

【注释】①"反劙"句,郭璞曰:"一脚一手反卷曲也。" ②人足反折,郝懿行曰:"足反卷曲,有似折也。"

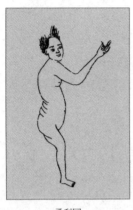

柔利国

【译文】柔利国在一目国的东面，这里的人一只手、一只脚，反转绕过来生在膝盖上面。一说留利国，这里的人脚反转而生。

外北-5共工①之臣曰相柳氏，九首，以食于九山②。相柳之所抵③，厥④为泽溪。禹杀相柳，其血腥，不可以树五谷种。禹厥之，三仞三沮⑤，乃以为众帝之台⑥。在昆仑之北，柔利之东。相柳者，九首人面，蛇身而青。不敢北射，畏共工之台。台在其东。台四方，隅有一蛇，虎色，首冲南方。

【注释】①共工，郭璞曰："霸九州者。" ②"九首"两句，郭璞曰："头各自食一山之物，言贪暴难餍。" ③抵，触。④厥，掘。 ⑤三仞三沮，郭璞曰："掘塞之而土三沮陷，言其血膏浸润坏也。"沮，毁坏；陷，当作陷。 ⑥"乃以"句，郭璞曰："言地润湿，唯可积土以为台观。"

【译文】共工的臣子叫相柳氏，长有九个头，每个头各吃一座山上的东西。相柳所到之处，就会被挖成水潭。禹杀了相柳，相柳的血腥气弥漫，使土

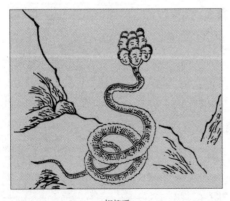

相柳氏

地不能种植五谷。禹挖掘掩埋了好几次，塌陷了好几次，才建成了众帝之台。在昆仑的北面，柔利的东面。相柳，有九个头，人的面孔，长着蛇的身体，青色。不敢向北射箭，因为畏惧共工之台。台在它东面，四方形，每个角有一条蛇，长有虎的斑纹，头向着南方。

外北-6 深目国在其东，为人举一手一目，在共工台东。

【译文】深目国在它的东面，这里的人长着一只手、一只眼，在共工台的东面。

外北-7 无肠之国在深目东，其为人长而无肠①。

【注释】①"其为"句，郭璞曰："为人长大，腹内无肠，所食之物直通过。"

【译文】无肠国在深目国的东面，这里的人身材高大，但没有肠子。

外北-8 聂耳之国在无肠国东，使两文虎，为人两手聂其耳①。县居②海水中，及水所出入奇物③。两虎在其东。

【注释】①"为人"句，郭璞曰："言耳长，行则以手摄持之也。"②县，同悬，县居即岛居。③"及水"句，郭璞曰："言尽规有之。"

【译文】聂耳国在无肠国的东

聂耳国

面，用两只文虎，这里的人用两只手握着长长的耳朵，住在海中的孤岛上，出入附近水域的奇怪物种也属于他们。两虎在它的东面。

外北-9 夸父与日逐走，入日①。渴欲得饮，饮于河渭；河渭不足，北饮大泽。未至，道渴而死。弃其杖，化为邓林②。

【注释】①入日，郭璞曰："言及于日，将入也。" ②"夸父"十句，郭璞曰："夸父者，盖神人之名也，其能及日景而倾河渭，岂以走饮哉？寄用于走饮耳。几乎不疾而速，不行而至者矣。此以一体为万殊，存亡代谢，寄邓林而遽形，恶得寻其灵化哉！"邓林，即桃林。见中6-13注⑥。

【译文】夸父和太阳赛跑，追进了太阳的光圈。夸父口渴要喝水，于是在黄河、渭水喝；黄河、渭水不够喝，又想到北面的大泽喝。还没走到，半路上就渴死了。夸父丢弃了手杖，化作了邓林。

夸父逐日

外北-10博父国在聂耳东①，其为人大，右手操青蛇，左手操黄蛇。邓林在其东，二树木②。一曰博父。

【注释】①博父，当作"夸父"。《淮南子·墬形训》："夸父、耽耳在其北。" ②二树木，郝懿行曰："盖谓邓林二树而成林，言其大也。"

博父国

【译文】夸父国在聂耳的东面，这里的人很高大，右手拿着青蛇，左手拿着黄蛇。邓林在它的东面，只有两棵树。一说名博父。

外北-11禹所积石之山在其东，河水所入①。

【注释】①"禹所"两句，郭璞曰："河出昆仑而潜行地下，至葱岭复出，注盐泽，从盐泽复行南出于此山而为中国河，遂注海也。《书》曰：'导河积石。'言时有壅塞，故导利以通之。"

【译文】禹所积石山在它的东面，是河水流入的地方。

外北-12拘缨之国在其东，一手把缨①。一曰利缨之国。

【注释】①一手把缨，郭璞曰："言其人常以一手持冠缨也。或曰缨宜作瘿。"郝懿行曰："郭云'缨宜作瘿'，是国盖以一手把瘿得名也。"

【译文】拘缨国在它的东面，这里的人一只手把着缨。一说名利缨国。

外北-13 寻木长千里，在拘缨南，生河上西北。

【译文】寻木长千里，在拘缨的南面，生长在黄河的西北面。

跂踵国

外北-14 跂踵国在拘缨东，其为人大，两足亦大。一曰大踵①。

【注释】① 大踵，郭璞曰："其人行，脚跟不着地也。《孝经钩命诀》曰'焦侥跂踵，重译款塞'也。"郝懿行曰："大踵疑当为支踵或反踵，并字形之讹。"反踵则亦可为豕踵，参见南2-1注⑧。

【译文】跂踵国在拘缨的东面，这里的人很高大，两只脚也很大。一说名大踵。

外北-15 欧丝之野在大踵东，一女子跪据树欧丝①。

【注释】① "一女"句，郭璞曰："言嗽桑而吐丝，盖蚕类也。"

【译文】欧丝野在大踵的东面，一个女子跪在树上吐丝。

外北-16 三桑无枝，在欧丝东，其木长百仞，无枝。

【译文】三桑树没有枝，在欧丝的东面，这种树高百仞，没有分枝。

外北-17 范林方三百里，在三桑东，洲环①其下。

【注释】①洲环，郭璞曰："洲，水中可居者。环，绕也。"

【译文】范林方圆三百里，在三桑的东面，有洲环绕在它下面。

外北-18务隅之山，帝颛顼①葬于阳，九嫔②葬于阴。一曰爰有熊、罴、文虎、离朱、鸱久、视肉③。

【注释】①颛顼（zhuānxū），古帝王名。郭璞曰："颛顼，号为高阳，冢今在濮阳，故帝丘也。一曰顿丘县城门外广阳里中。"②嫔，郭璞曰："嫔，妇。" ③离朱、鸱久、视肉，均参见外南-21注。

【译文】务隅山，帝颛顼葬在它的南面，九嫔葬在它的北面。一说这里有熊、罴、文虎、离朱、鸱久、视肉。

外北-19平丘在三桑东，爰有遗玉①、青鸟、视肉②、杨柳、甘柤、甘华③，百果所生，有两山夹上谷，二大丘居中，名曰平丘。

【注释】①遗玉，郭璞曰："玉石。" ②视肉，参见外南-21注⑤。③甘柤、甘华，见荒南-27。

【译文】平丘在三桑的东面，这里有遗玉、青鸟、视肉、杨柳、甘柤、甘华，百果生长的地方，有两座山夹着上方的山谷，两个大丘居中，名叫平丘。

駃騠

外北-20北海内有兽，其状如

马，名曰騊駼①。有兽焉，其名曰駮②，状如白马，锯牙，食虎豹。有素兽焉，状如马，名曰蛩蛩③。有青兽焉，状如虎，名曰罗罗。

【注释】①騊駼，音táotú。　②駮，见西4-16。　③蛩（qióng），郭璞曰："即蛩蛩，巨虚也，一走百里，见《穆天子传》。"

【译文】北海内有一种兽，形状像马，名叫騊駼。有一种兽，名叫駮，形状像白马，牙有锯齿，吃虎豹。有一种素色的兽类，形状像马，名叫蛩蛩。有一种青兽，形状像虎，名叫罗罗。

外北-21北方禺强①，人面鸟身，珥两青蛇，践两青蛇。

禺强

【注释】①禺强，郭璞曰："字玄冥，水神也。"

【译文】北方禺强，人面鸟身，耳戴两条青蛇，脚踩两条青蛇。

卷九 海外东经

海外东经

【题解】这部分记录了七个国、三个山野，其馀神灵及鸟兽草木共五个。

海外自东南陬至东北陬者。
【译文】海外从东南角到东北角。

外东-1 嵯①丘，爰有遗玉、青马、视肉②、杨柳、甘柤、甘华③，甘果所生。在东海，两山夹丘，上有树木。一曰嗟丘，一曰百果所在，在尧葬东。
【注释】①嵯，同嗟。 ②视肉，参见外南-21注⑤。 ③甘柤、甘华，均见荒南-27。
【译文】嵯丘，这里有遗玉、青马、视肉、杨柳、甘柤、甘华、甘果生长的地方。在东海，两座山夹着这个山丘，上面有树木。一说为嗟丘，一说为百果所在，在尧的墓葬东面。

外东-2 大人国在其北，为人大，坐而削船①。一曰在嵯丘北。
【注释】①削船，郝懿行曰："削当读若'稍'，削船谓操舟

奢比尸

也。"

【译文】大人国在它的北面,这里的人身材高大,坐着划船。一说在蹉丘的北面。

外东-3奢比之尸①在其北,兽身、人面、大耳,珥②两青蛇。一曰肝榆之尸在大人北。

【注释】①奢比之尸,郭璞曰:"亦神名也。"

【译文】奢比尸在它的北面,长着兽的身体、人的面孔,耳朵很大,戴两条青蛇。一说肝榆尸在大人的北面。

外东-4君子国在其北,衣冠带剑,食兽,使二大虎在旁,其人好让不争。有薰华草,朝生夕死。一曰在肝榆之尸北。

【译文】君子国在它的北面,这里的人穿衣戴冠带剑,吃兽类,用二只大虎在身旁,这里的人喜欢礼让,不爱争夺。有薰华草,早晨出生傍晚死去。一说在肝榆尸的北面。

外东-5虹虹①在其北,各有两首。一曰在君子国北。

【注释】①虹,同虹。郭璞曰:"虹,螮蝀也。"

【译文】虹虹在它的北面,各有两个头。一说在君子国的北面。

外东-6朝阳之谷，神曰天吴，是为水伯。在䖶䖶北两水间。其为兽也，八首人面，八足八尾，皆青黄。

【译文】朝阳谷的神叫天吴，这是水伯。在䖶䖶的北面两水之间。这种兽有八个头和人的面孔，八只脚、八条尾巴，都是青黄色。

天吴

外东-7青丘①国在其北，其狐四足九尾。一曰在朝阳北。

【注释】①另见南1-8。

【译文】青丘国在它的北面，这里的狐有四只脚、九条尾巴。一说在朝阳的北面。

外东-8帝命竖亥①步，自东极至于西极，五亿十选②九千八百步。竖亥右手把算③，左手指青丘北。一曰禹令竖亥。一曰五亿十万九千八百步。

【注释】①竖亥，郭璞曰："健行人。" ②选（suàn），万。③算，古代计数用的筹码。

【译文】天帝命神人竖亥步行测量，从东极到西极，共五亿十万九千八百步。竖亥右手拿着算筹，左手指着青丘的北面。一说禹令竖亥。一说五亿十万九千八百步。

外东-9黑齿国①在其北，为人黑②，食稻啖蛇，一赤一

黑齿国

青，在其旁。一曰在竖亥北，为人黑首，食稻使蛇，其一蛇赤。

【注释】①黑齿国，郭璞曰："《东夷传》曰：倭国东四十馀里有裸国，裸国东南有黑齿国，船行一年可至也。《异物志》云：西屠染齿，亦以放此人。"　②为人黑，郝懿行曰："黑下当脱齿字。"

【译文】黑齿国在它的北面，这里的人黑色，吃稻和蛇，一红一青在身旁。一说在竖亥的北面，这里的人黑头，吃稻，用蛇，其中一条蛇是红色的。

外东-10下有汤谷①。汤谷上有扶桑②，十日所浴，在黑齿北。居水中，有大木，九日居下枝，一日居上枝。

【注释】①汤谷，郭璞曰："谷中水热也。"　②扶桑，郭璞曰："扶桑，木也。"参见东3-9注②。

雨师妾

【译文】下面有汤谷。汤谷上面有扶桑，十个太阳洗澡的地方，在黑齿的北面。位居水中，有大树，九个太阳住在下面的树枝，一个太阳住在上面的树枝。

外东-11雨师妾①在其北，其为人黑，两手各操一蛇，左耳有青蛇，右耳有赤蛇。一曰在十日北，为人黑身人面，各操一龟。

【注释】①雨师妾，郭璞曰："雨师谓屏翳也。"郝懿行曰："雨师妾盖亦国名，即如《王会篇》有姑妹国矣。《焦氏易林》乃云：'雨师娶妇。'盖假托为词耳。"

【译文】雨师妾在它的北面，这里的人黑色，两手各拿一条蛇，左耳有青蛇，右耳有赤蛇。一说在十日的北面，这里的人黑身人面，各拿一只龟。

外东-12 玄股之国①在其北，其为人衣鱼②食䲈③，使两鸟夹之。一曰在雨师妾北。

【注释】① 玄股之国，郭璞曰："髀以下尽黑，故云。"②衣鱼，郭璞曰："以鱼皮为衣也。" ③䲈，即鸥。杨慎云："䲈即鸥，衣鱼食鸥，盖水中国也。"

【译文】玄股国在它的北面，这里的人身穿鱼皮，吃鸥，用两只鸟夹着。一说在雨师妾的北面。

外东-13 毛民之国在其北，为人身生毛①。一曰在玄股北。

【注释】① "毛民"两句，郭璞曰："今去临海郡东南二千里有毛人，在大海洲岛上，为人短小，而体尽有毛，如猪能穴居，无衣服。晋永嘉四年，吴郡司盐都尉戴逢在海边得一船，上有男女四人，状皆如此，言语不通，送诣丞相府，未至，道死，唯有一人在。上赐之妇，生子，出入市井，渐晓人语，自说其所在是毛民也。《大荒经》云'毛民食黍'者是矣。"

【译文】毛民国在它的北面，这里的人身上长毛。一说在玄股的北面。

劳民国

^{外东-14}劳民国在其北，其为人黑①。或曰教民。一曰在毛民北，为人面目手足尽黑。

【注释】①"劳民"两句，郭璞曰："食果草实也，有一鸟两头。"

【译文】劳民国在它的北面，这里的人黑色。也叫教民。一说在毛民的北面，这里的人面目手足都是黑的。

^{外东-15}东方句芒①，鸟身人面，乘两龙。

【注释】①句芒，郭璞曰："木神也，方面素服。墨子曰：昔秦穆公有明德，上帝使句芒赐之寿十九年。"

【译文】东方句芒，长着鸟的身体人的脸，驾驭两条龙。

东方句芒

建平元年四月丙戌，待诏太常属臣望校治，侍中光禄勋臣龚、侍中奉车都尉光禄大夫臣秀领主省①。

【注释】①此是刘向等人校书时的落款，和《五藏山经》每卷后的小计、《大荒西经》后的注语一样，都是后人所加，但比附于正文一起刊行的。唯此处及《海内东经》后是单纯的落款，既与正文毫无关系，又没有翻译的必要，故仅原样附录。

卷十 海内南经

海内南经

【题解】《海内南经》开始的一组四个部分相比前一组海外四经，在内容和编次上进一步显得混乱。海外四经尽管很少有我们熟悉的地名，但排列是按方位逐一列举的；而以下海内诸经尽管多有我们熟悉的地名，还能隐约从中找到方位线索，但每条在排列上的关系却已不得而知。所以在这个部分吴承志提出了两个比较复杂的错简问题，涉及整个海内四经。其说有一定的道理，但对于混乱的海内四经乃至整个《海经》而言，这恐怕也只是杯水车薪，远不足以解决所有问题。吕调阳则认为："此经先秦人之作，尚为蹜实。旧别有《海内经》与《海外》、《大荒》二经，并荒忽谲怪，《十洲》、《神异》之类。"

海内东南陬以西者。
【译文】海内东南角以西的。

_{内南-1}瓯居海中①。闽在海中②，其西北有山。一曰闽

中山在海中。

【注释】①瓯居海中，郭璞曰："今临海永宁县即东瓯，在岐海中也。"郝懿行曰："岐海谓海之槎枝。" ②闽在海中，郭璞曰："闽越即西瓯，今建安郡是也，亦在岐海中。"

【译文】瓯在海中。闽也在海中，它的西北有山。一说闽中山在海中。

内南-2 三天子鄣①山在闽西海北②。一曰在海中。

【注释】①鄣，音zhāng。 ②"三天"句，郭璞曰："今在新安歙县东，今谓之三王山，浙江出其边也。张氏《土地记》曰：东阳永康县南四里有石城山，上有小石城，云黄帝曾游此，即三天子都也。"吕调阳《海内经附传》："今天台山，古浙河所出。是与天目、庐山并为三天子鄣，顶皆有池，流为飞瀑。"

【译文】三天子鄣山在闽西海的北面。一说在海中。

内南-3 桂林八树在番隅东①。

【注释】①"桂林"句，郭璞曰："八树而成林，信其大也。番隅，今番隅县。"《海内经附传》："今天台山有八桂岭，在天台山北五十里。《周书》曰：'自深桂。'今象山以西地也。自，鼻也，象海澳形。八树成林，言大也。今天台月桂大树繁华，结实如莲子，状味辛香，是矣。"

【译文】桂林八树在番隅的东面。

内南-4 伯虑国①、离耳国②、雕题国③、北胸④国皆在郁水南。郁水⑤出湘陵南海。一曰相虑。

【注释】①伯虑国，《海内经附传》："伯，古通白。白虑，

徐闻也。水形象人瞒目想也。" ②离耳国，郭璞曰："镂离其耳，
分令下垂以为饰，即儋耳也。在朱崖海渚中。不食五谷，但噉蚌及
藷藇也。"镂，镂刻。《海内经附传》："离耳，即儋耳，今儋州，
亦肖水形。" ③雕题国，郭璞曰："点涅其面，画体为鳞采，即鲛
人也。"大意略似今纹身。《海内经附传》："雕题，今东兰土州
白面山，水象额有雕刻之形。" ④北朐（qú），《海内经附传》：
"北，背也；朐，本作'枸'，背偻折似枳枸也，即今钦州，肖渔洪江
之形，汉为赢陵县，交州刺史治。" ⑤郁水，《海内经附传》："郁
水，今盘江。此云出湘陵，则指漓水南合郁水而言也。"

【译文】伯虑国、离耳国、雕题国、北朐国都在郁水的
南面。郁水在湘陵南海发源。一说相虑。

内南-5 枭阳国在北朐之
西，其为人人面长唇，黑身有
毛，反踵，见人笑亦笑，左手
操管①。

【注释】①"枭阳"六句，参
见南1-1注⑧、内-15。《海内经附
传》："今上思州，在北枸西北。"

【译文】枭阳国在北朐
的西面，这里的人长着人的面
孔，嘴唇很长，黑色的身体上有

枭阳国

毛，脚跟反向，看见人笑也跟着笑；左手拿着竹筒。

内南-6 兕在舜葬东，湘水南，其状如牛，苍黑，一角。
【译文】兕在舜墓葬的东面，湘水的南面，形状像牛，

青黑色，一只角。

内南-7苍梧之山，帝舜葬于阳①，帝丹朱葬于阴②。

【注释】①"苍梧"两句，郭璞曰："即九疑山也。《礼记》亦曰：'舜葬苍梧之野。'"《海内经附传》："山在耒阳，即战国楚南之苍梧，非舜所葬之苍梧也。"　②"帝丹"句，郭璞曰："今丹阳复有丹朱冢也。《竹书》亦曰：后稷放帝朱于丹水。与此义符。丹朱称帝者，犹汉山阳公死加献帝之谥也。"

【译文】苍梧山，帝舜葬在它的南面，帝丹朱葬在它的北面。

内南-8氾林①方三百里，在狌狌东。

【注释】①氾林，《海内经附传》："今郁林州及廉、钦二州地，水形俱如风被木。"

【译文】氾林方圆三百里，在狌狌的东面。

内南-9狌狌知人名，其为兽如豕而人面①，在舜葬西。

【注释】①"狌狌"句，郭璞曰："《周书》曰：郑郭狌狌者，状如黄狗而人面。头如雄鸡，食之不眯。今交州封溪出狌狌，土俗人说云，状如豚而腹似狗，声如小儿啼也。"

【译文】狌狌知道人的名字，这种兽像猪，有人的面孔，在舜墓葬的西面。

内南-10狌狌西北有犀牛，其状如牛而黑①。

【注释】①"狌狌"句，郭璞曰："犀牛似水牛，猪头，在狌狌知人名之西北,庳脚,三角。"庳,矮、短。

【译文】狌狌的西北面有犀牛,形状像牛,黑色。

^{内南-11}夏后启之臣曰孟涂,是司神于巴人①,请讼于孟涂之所②,其衣有血者乃执之③,是请生④。居山上,在丹山西。丹山在丹阳南,丹阳居属也⑤。

【注释】① "是司神"句,郭璞曰:"听其狱讼,为之神主。" ② "请讼"句,郭璞曰:"令断之也。" ③ "其衣"句,郭璞曰:"不直者则血见于衣。" ④ 是请生,郭璞曰:"言好生也。" ⑤ "丹山"两句,郭璞曰:"今建平郡丹阳城秭归县东七里,即孟涂所居也。"郝懿行曰:"《水经注》引郭景纯云:'丹山在丹阳,属巴。'是此十一经字乃郭注之文,郦氏节引之,写书者误作经文耳。'居属'又'巴属'字之讹。"《海内经附传》:"今拉撒诏以东是也。丹山即丹穴之山,在祷过东五百里。"

【译文】夏后启的臣子叫孟涂,主管巴这个地方,巴人在孟涂那里打官司,衣服上有血的就被抓起来,很爱惜生灵。他住在山上,在丹山的西面。丹山在丹阳的南面,是巴的属地。

^{内南-12}窫窳①龙首,居弱水②中,在狌狌知人名之西,其状如龙首,食人③。

【注释】① 窫窳,郭璞曰:"本蛇身人面,为贰负臣所杀,复化而成此物也。" ② 弱水,《海内经附传》:"石城县北之九州江,象木直建,其水南会龙湖水,象阴不强,即弱水。" ③ "窫窳"五句,《山海经地理今释》卷六:"此经当作'窫窳在狌狌知人名之西,其状如貙,龙首,食人。'上'龙首'二字衍。'居弱水

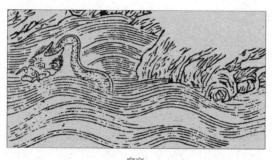
窫窳

中'四字别为一条，其上应更有'窫窳'二字，次下条'有木，其状如牛'之上。传写误混入此，'貙'字脱

文，《文选·吴都赋》刘注引此经，作'南海之外猰貐状如貙，龙首，食人'，所据本尚未脱误。弱水在昆仑虚，不得与苍梧之野舜葬西狌狌所在之地相接。《海内西经》开明东'巫彭、巫抵、巫阳、巫履、巫凡、巫相，夹窫窳之尸'下云'窫窳者，蛇身人面，贰负臣所杀也'。窫窳本有二，居弱水中者是蛇身人面之窫窳，非如貙龙首之窫窳也。下条'建木在窫窳西弱水上'、'氐人国在建木西'与《海内西经》'后稷之葬，山水环之。在氐国西'之文亦脉络相连，不可划绝，此条及下二条盖本俱在彼篇'开明南'条后，为记昆仑隅外之物状地形。简策散乱，编者误依此经窫窳之文联而次之，致纷歧错杂，无条理可寻。今本又并两条为一，'弱水之中'即为'狌狌之西'，益纠互难通矣。"

【译文】窫窳长着龙头，住在弱水中，在狌狌知人名的西面，形状像龙头，吃人。

^{内南-13}有木，其状如牛，引之有皮，若缨、黄蛇①。其叶如罗②，其实如栾③，其木若蓝④，其名曰建木⑤。在窫窳西弱水上⑥。

【注释】①"引之"两句，郭璞曰："言牵之皮剥如人冠缨及黄蛇状也。" ②其叶如罗，郭璞曰："如绫罗也。"郝懿行曰：

"郭说非也。上世淳朴，无绫罗之名，疑当为网罗也。" ③栾，郭璞曰："木名，黄本，赤枝，青叶，生云雨山。或作卵，或作麻。" ④薏（ǒu），郝懿行曰："刺榆也。"榆科植物。 ⑤建木，郭璞曰："青叶紫茎，黑华黄实，其下声无响，立无影也。" ⑥"在窫窳"句，《山海经地理今释》卷六："当在今和硕特西左翼后旗境。"

【译文】有一种树，形状像牛，有可以拉扯的皮，样子像缨带、黄蛇。树叶像罗网，果实像栾，木质像薏，名叫建木。在窫窳西面的弱水边上。

内南-14氏人国在建木西①，其为人人面而鱼身，无足②。

【注释】①建木西，《山海经地理今释》卷六："当在今青海和硕特西右翼中旗境，为汉临羌塞外地。"《海内经附传》："今廉州府。人面、鱼身、无足，肖三汉江之形。" ②"其为"两句，郭璞曰："尽胸以上人、胸以下鱼也。"

氏人国

【译文】氏人国在建木的西面，这里的人长着人的面孔、鱼的身体，没有脚。

内南-15巴蛇食象，三岁而出其骨，君子服之，无心腹之疾①。其为蛇青、黄、赤、黑。一曰黑蛇青首，在犀牛西。

【注释】①"巴蛇"四句，郭璞曰："今南方蚺蛇吞鹿，鹿已

巴蛇食象

烂，自绞于树腹中，骨皆穿鳞甲间出，此其类也。《楚词》曰：'有蛇吞象，厥大何如？'说者云长千寻。"

【译文】巴蛇能吃大象，三年后才排出象骨，君子吃了，心腹部不会得病。这种蛇身上有青、黄、赤、黑各种颜色。一说是青头黑蛇，在犀牛的西面。

内南-16 旄马①，其状如马，四节有毛。在巴蛇西北，高山南。

【注释】①旄马，《山海经地理今释》卷六："旄马当在今四川会理州、云南会泽县两境之中。"

【译文】旄马，形状像马，四肢关节上有毛。在巴蛇的西北面，高山的南面。

旄马

内南-17 匈奴①、开题之国、列人之国并在西北②。

【注释】①匈奴，郭璞曰："一曰猃狁。"《海内经附传》："匈奴，今阿拉善以西。" ②"匈奴"句，《山海经地理今释》卷六曰："此经当与下篇首条并在《海内北经》'有人曰大行伯'之上。匈奴、开题之国、列人之国并在西北，叙西北陬之国，犹《海内东经》云'巨燕在东北陬'也。不言陬，文有详省。贰负之臣在开题西北，开题即蒙此。大行伯下贰负之尸与贰负之臣亦连络为次。今大行伯上有蛇巫之山、西王母二条，乃下篇后稷之葬下叙昆仑隅外山形神状之文，误脱于彼。武陵山人杂著云：'《海内西经》"东胡"下四节当在《海内北经》"舜妻登比氏"节后。"东胡在大泽东"即蒙上"宵明烛光处河大泽"之文也。《海内北经》"盖国"下九节，当在《海内东经》"巨燕在东北陬"之后，"盖国在巨燕南"即蒙上"巨燕"之文，而朝鲜、蓬莱并在东海，亦灼然可信也。《海内东经》"国在流沙"下三节当在《海内西经》"流沙出钟山"节之后，上言流沙，故接叙中外诸国；下言昆仑墟、昆仑山，故继以"海内昆仑之墟在西北"。脉络连贯，更无可疑。不知何时三简互误，遂致文理断续，地望乖违。今移而正之，竟似天衣无缝。'详审经文，顾说自近。"《海内经附传》："开题，今哈密巴里坤地；列人，即戎国，所谓离戎也。"

【译文】匈奴、开题国、列人国都在西北。

卷十一 海内西经

海内西经

【题解】这部分内容多是围绕昆仑山、西王母的,内容上错乱芜杂,但在西北地理上又有迹可寻,所以吴承志在这部分用力独深,篇幅所限,不能将其考据成果一一罗列,仅取若干常见地名及有益于疏通文理的内容收入注释。

海内西南陬以北者。
【译文】海内西南角以北的。

内西-1贰负①之臣曰危,危与贰负杀窫窳②。帝乃梏③之疏属之山,桎④其右足,反缚两手与发⑤,系之山上木⑥。在开题西北。

【注释】①贰负,神名,见内北-5。 ②窫窳,见内南-12。③梏,古代刑具,相当于手铐。 ④桎,古代刑具,相当于脚镣。⑤ "反缚"句,郭璞曰:"并发合缚之也。" ⑥系之山上木,郭璞曰:"汉宣帝使人上郡发盘石,石室中得一人,跣裸被发,反缚,械一足,以问群臣,莫能知。刘子政按此言对之,宣帝大惊,于是时人争学《山海经》矣。论者多以为是其尸象,非真体也。意者以灵怪变化论,难以理测。物禀异气,出于不然,不可以常运推,不可以

近数搉矣。魏时有人发故周王
冢者，得殉女子，不死不生，
数日时有气，数月而能语，状
如廿许人。送诣京师，郭太后
爱养之，恒在左右。十馀年，
太后崩，此女哀思哭泣，一年
馀而死。即此类也。"《海内
经附传》："此合昆仑诸水为
寓言，所以明乌鲁木齐之地形
也。危，三危也。兽尾曰属。

贰负臣危

疏，离也。罗克伦河象尾，乌鲁木齐河在东，隔昌吉河，不与尾属，
故曰疏属也。桎足反缚，从北视之之形也。汉宣帝时于上郡石室中
得反缚盗械人，刘向以此经对，昧其实矣。"

【译文】贰负的臣子叫危，危和贰负杀了窫窳。天帝把
它绑在疏属山上，右脚戴上镣铐，两手和头发绑在一起，系
在山上的树上。在开题的西北面。

内西-2 大泽①方百里，群鸟所生及所解②。在雁门北。

【注释】①大泽，《山海经地理今释》卷六："大泽即《北次
三经》之泰泽，在雁门之山北四百里。"《海内经附传》："大泽谓
呼伦泊。" ②解，解羽，羽毛脱落，亦指禽鸟死去。

【译文】大泽方圆百里，群鸟在这里生活、换毛。在雁
门的北面。

内西-3 雁门山，雁出其间。在高柳北。

【译文】雁门山，雁从这里飞出。在高柳的北面。

内西-4高柳①在代北。

【注释】①高柳,《山海经地理今释》卷六:"高柳当在今山西宁远、和林格尔、托克托、萨拉齐诸厅境内。"《海内经附传》:"高柳,今柳条边;代,今宁远河,象橛杙也。"

【译文】高柳在代的北面。

内西-5后稷之葬,山水环之①。在氐国西。

【注释】①"后稷"两句,郭璞曰:"在广都之野。"参见内-8注①。

【译文】后稷的墓葬,有山水环绕。在氐国的西面。

内西-6流黄酆氏之国①,中方三百里。有涂②四方,中有山。在后稷葬西。

【注释】①酆(fēng)氏之国《山海经地理今释》卷六:"酆氏之国,在今四川瞻对土司境。" ②途,郭璞曰:"途,道。"《海内经附传》:"即今拉撒诏。其道一西南抵后藏,一西北通羊巴尖,一东北出墨竹工卡,一东南抵公布。"

【译文】流黄酆氏之国,方圆三百里。有道路通向四方,中间有山。在后稷葬的西面。

内西-7流沙①出锺山,西行又南行昆仑之虚,西南入海。黑水之山②。

【注释】①流沙,郭璞曰:"今西海居延泽,《尚书》所谓'流沙'者,形如月生五日也。" ②黑水之山,《山海经地理今释》卷六以为"黑水之山"四字当是内西-5后注语,误脱在此。《周语》解稷死于黑水之山所据本尚不误。《海内经附传》:"锺山脉自特穆尔图池之西来属葱岭河,东临伊犁河,两河之委皆流沙也。南行昆仑之虚西南,指谓自沙雅尔以南循碛中山东南行也。入海黑水之山,谓缘沙图图岭东南入诸察罕池,在卫地喀拉乌苏源之北也。"

【译文】流沙从锺山发源,向西行,再南行到昆仑之虚,再向西南入海。黑水山。

内西-8东胡①在大泽东。

【注释】①东胡,郝懿行曰:"国名也。"《海内经附传》:"今索伦蒙古。"

【译文】东胡在大泽的东面。

内西-9夷人①在东胡东。

【注释】①夷人,《海内经附传》:"今混同江东北诸部。"

【译文】夷人在东胡的东面。

内西-10貊国①在汉水东北②。地近于燕,灭之。

【注释】①貊(mò),郭璞曰:"今扶余国即濊貊故地,在长城北,去玄菟千里,出名马、赤玉、貂皮、大珠如酸枣也。"《海内经附传》:"今奉天将军所辖诸打牲部落。" ②汉水,《山海经地理今释》卷六以为当作"潦水",即《汉书·地理志》之辽水。

【译文】貊国在汉水的东北面。和燕国很近,燕国消灭了它。

内西-11孟鸟①在貊国东北,其鸟文赤、黄、青,东乡②。

【注释】①孟鸟,郭璞曰:"亦鸟名也。"《海内经附传》:"今宁古塔以东近乌苏里江地。孟鸟,鸟形如孟也。乌札虎河、穆棱河并东北注乌苏里江象之。"参见东3-6注①。　②乡,同"向"。

【译文】孟鸟在貊国的东北面,这种鸟有赤、黄、青色的花纹,面向东方。

内西-12海内昆仑之虚①,在西北,帝之下都。昆仑之虚,方八百里,高万仞②。上有木禾③,长五寻,大五围。面有九井,以玉为槛④。面有九门,门有开明兽守之,百神之所在。在八隅之岩⑤,赤水之际,非仁、羿莫能上冈之岩⑥。

【注释】①"海内"句,郭璞曰:"言海内者,明海外复有昆仑山。"虚,山丘。　②高万仞,郭璞曰:"皆谓其虚基广轮之高庳耳。自此以上二千五百馀里,上有醴泉华池,去嵩高五万里,盖天地之中也。见《禹本纪》。"　③木禾,郭璞曰:"谷类也,生黑水之阿,可食,见《穆天子传》。"　④"面有"两句,郭璞曰:"槛,栏。"《海内经附传》:"九井、九门,未详。或曰呼图必山本作呼图克拜山。蒙古语呼图克,井也;拜,宝也。山在昆仑之东。"　⑤在八隅之岩,郭璞曰:"在岩间也。"　⑥"非仁"句,郭璞曰:"言非仁人及有才艺如

开明兽

羿者,不能得登此山之冈岭巉岩也。羿尝请药西王母,亦言其得道也。羿一或作'圣'。"

【译文】海内昆仑之虚,在西北面,天帝的下都。昆仑之虚,方圆八百里,高万仞。上面有树木谷物,长五寻,大五围。每面有九口井,用玉做成的井槛。每面有九道门,门上有开明兽看守着,众神聚集的地方。在八隅之岩,赤水边上,没有仁人和羿这样有本事的是登不上这岩石的。

内西-13赤水出东南隅,以行其东北。

【译文】赤水在东南角发源,流向东北。

内西-14河水出东北隅,以行其北,西南又入渤海①,又出海外,即西而北入禹所导积石山②。

【注释】①"河水"三句,此句文理欠通,吴承志又以其方位有误,校作"以行其东南,又西北入渤海。" ②"即西"句,郭璞曰:"禹治水复决疏出之,故云'导河积石'。"

【译文】河水在东北角发源,流向北,又向西南进入渤海,又出海外,向西向北,进入禹所疏导的积石山。

内西-15洋①水、黑水出西北隅,以东东行②,又东北,南入海,羽民南。

【注释】①洋,音xiáng。 ②以东东行,《山海经地理今释》卷六:"当作'以东南行',谓行西北隅之东南也。"

【译文】洋水、黑水在西北角发源,向东南流,再向东北,向南流入大海,在羽民的南面。

内西-16弱水、青水出西南隅①，以东又北②，又西南，过毕方鸟东。

【注释】①以东又北，《山海经地理今释》卷六："'又'字亦衍。" ②郭璞曰："《西域传》：乌弋国去长安万五千馀里，西行可百馀日，至条枝国，临西海。长老传闻有弱水西王母云。《东夷传》亦曰长城外数千里亦有弱水，皆所未见也。《淮南子》云，弱水出穷石。穷石今之西郡邢冉，盖其派别之源耳。"

【译文】弱水、青水在西南角发源，向东北，再向西南，经过毕方鸟的东面。

内西-17昆仑南渊①深三百仞。开明兽身大类虎而九首，皆人面，东向立昆仑上。

【注释】①昆仑南渊，郭璞曰："灵渊。"《山海经地理今释》卷六："昆仑南渊，今哈喇乌苏源南滕格里池。"《海内经附传》："南渊谓博斯腾淖尔。"

【译文】昆仑南渊深达三百仞。开明兽身体很大，像虎，有九个头，每个头都有人的面孔，面向东站在昆仑山上。

内西-18开明西有凤皇、鸾鸟，皆戴蛇践蛇，膺有赤蛇。

【译文】开明的西面有凤皇、鸾鸟，都戴着蛇、踩着蛇，胸口有红色的蛇。

内西-19开明北有视肉①、珠树、文玉树②、玗琪树③、不死树。凤皇、鸾鸟皆戴瞂④。又有离朱⑤、木禾、柏树、甘水⑥、圣木⑦、曼兑，一曰挺木牙交⑧。

【注释】①视肉，参见外南-21注⑤。 ②文玉树，郭璞曰："五彩玉树。" ③玗，音yú。郭璞曰："玗琪，赤玉属也。吴天玺元年，临海郡吏伍曜在海水际得石树，高二尺馀，茎叶紫色，诘曲倾靡，有光彩，即玉树之类也。" ④䫴，音fá，郭璞曰："盾也。"⑤离朱，参见外南-21注④。 ⑥甘水，郭璞曰："即醴泉也。"⑦圣木，郭璞曰："食之令人智圣也。" ⑧挺木牙交，郭璞曰："《淮南》作璇树，璇玉类也。"

【译文】开明的北面有视肉、珠树、文玉树、玗琪树、不死树。凤皇、鸾鸟都戴着䫴。又有离朱、木禾、柏树、甘水、圣木、曼兑，一说挺木牙交。

内西-20开明东有巫彭、巫抵、巫阳、巫履、巫凡、巫相①，夹窫窳之尸，皆操不死之药以距之②。窫窳者，蛇身人面，贰负臣所杀也。

【注释】①"巫彭"以下，郭璞曰："皆神医也。《世本》曰：'巫彭作医。'《楚词》曰：'帝告巫阳。'" ②"夹窫"两句，郭璞曰："为距却死气，求更生。"《海内经附传》："窫窳之尸，象阿尔辉河之形。"

【译文】开明的东面有巫彭、巫抵、巫阳、巫履、巫凡、巫相，夹着窫窳之尸，都拿着不死之药为它求生。窫窳有蛇的身体、人的面孔，被贰

窫窳

三头人

负的臣子所杀。

内西-21服常树,其上有三头人,伺琅玕树①。

【注释】① 琅玕树,《石雅·琳琅》以为琅玕即巴瑓,亦即斯璧尼石,参见西3-7注⑤。又曰:"琅玕树者,即以琅玕为子之琼枝也。琼枝积石为之,盖石似树,而琅玕又出于石耳。"

【译文】服常树,树上有三头人,守着琅玕树。

内西-22开明南有树鸟、六首蛟①、蝮②、蛇、蜼、豹。鸟秩树,于表池树木③,诵鸟、鶽④、视肉⑤。

【注释】①蛟,郭璞曰:"蛟似蛇,四脚,龙类也。" ②蝮,参见南1-3注②。 ③"鸟秩"句,郭璞曰:"言列树以表池。即华池也。" ④鶽,同隼,音sǔn,郭璞曰:"鵰也。" ⑤视肉,参见外南-21注⑤。

树鸟

【译文】开明的南面有树鸟、六头蛟、蝮、蛇、蜼、豹。鸟秩树,围绕在池子的周围,有诵鸟、鶽、视肉。

卷十二 海内北经

海内北经

【题解】这部分内容以神话的碎片为多，后人基本不知所云，也引发了许多上古史研究者的种种猜想，譬如王子夜之尸一则，日本人小川琢治在《穆天子传地名考》中提出"王子夜"就是王子亥，也就是荒东-24的王亥，杨宽《中国上古史导论》又进一步推论王亥与夏后启的传说同源。普通的非专业读者，难以参与拼合、还原这些碎片的工作，只能姑妄听之、不求甚解了。

海内西北陬以东者。
【译文】海内西北角以东的。

内北-1蛇巫之山，上有人操柸①而东向立。一曰龟山。
【注释】①柸，郭璞曰："柸或作'棓'，字同。"郝懿行曰："柸即'棓'字之异文。"棓（bàng），大棒。《海内经附传》："象哈拉塔尔河形也。柸同杯。"
【译文】蛇巫山，山上有人拿着柸而面向东站立。一说龟山。

内北-2 西王母梯①几而戴胜杖，其南有三青鸟，为西王母取食。在昆仑虚北。

【注释】①梯，凭、依着。

【译文】西王母靠着几案，戴着玉饰，它的南面有三只青鸟，专为西王母取食物。在昆仑虚的北面。

西王母

内北-3 有人曰大行伯，把戈。其东有犬封国①。贰负之尸②在大行伯东。

【注释】①犬封国，郭璞曰："昔盘瓠杀戎王，高辛以美女妻之，不可以训，乃浮之会稽东海中，得三百里地封之，生男为狗，女为美人，是为狗封之国也。"《海内经附传》："拱宸城西之和尔郭斯河也。"　②"贰负之尸"，《海内经附传》："贰，小贝也，所以权大贝而行。萨尔巴克图河与赛里木池水合东流注泐泽象尸，其北有阿尔沙图池象小贝在负也。"

【译文】有人名叫大行伯，拿着戈。它的东面有犬封国。贰负之尸在大行伯的东面。

内北-4 犬封国曰犬戎国，状如犬①。有一女子，方跪进杯食②。有文马，缟③身朱鬣，目若黄金，名曰吉量，乘之寿千岁④。

【注释】①"犬封"两句，郭璞曰："黄帝之后卞明生白犬二头，自相牝牡，遂为此国，言狗国也。"《海内经附传》："封，大也。阿雅尔泊东受诸水象犬。三危水北潴于苇荡，象女子跪进杯食也。" ②柸,又作"栖",同杯。郭璞曰:"与酒食也。" ③缟,白色。 ④"有文"五句,郭璞曰:"《周书》曰:'犬戎文马,赤鬣白身,目若黄金,名

犬戎国

曰吉黄之乘,成王时献之。'《六韬》曰:'文身朱鬣,眼若黄金,项若鸡尾,名曰鸡斯之乘。'《大传》曰:'驳身朱鬣鸡目。'《山海经》亦有吉黄之乘,寿千岁者。惟名有不同,说有小错,其实一物耳,今博举之以广异闻也。"

【译文】犬封国也叫犬戎国,这里的人形状像狗。有一个女子,正跪着进奉酒食。有一种文马,白色的身体,朱红的鬣毛,眼睛像黄金,名叫吉量,骑了它可活一千岁。

吉量

内北-5 鬼国在贰负之尸北,为物人面而一目①。一曰贰负神在其东,为物人面蛇身。

【注释】① "鬼国"两句,《海内经附传》:"喀拉塔拉池北之布尔哈齐,象肿目也。"

【译文】鬼国在贰负之尸的北面,这里的怪物长着人的面孔,只有一只眼。一说贰负神在它的东面,怪物人面蛇

贰负神

身。

^{内北-6}蜪^①犬如犬，青，食人从首始。

【注释】①蜪，音táo。

【译文】蜪犬像狗，青色，吃人从头部开始。

^{内北-7}穷奇^①状如虎，有翼，食人从首始，所食被发，在蜪犬北。一曰从足。

【注释】①穷奇，见西4-17。《海内经附传》："象喀喇塔拉池在赛里木东之形。"

穷奇

【译文】穷奇形状像虎，有翅膀，吃人从头部开始，它所吃的人披头散发，在蜪犬的北面。一说从足部脚（开始）。

^{内北-8}帝尧台、帝喾台、帝丹朱台、帝舜台，各二台，台四方，在昆仑东北^①。

【注释】①"帝尧"三句，郭璞曰："此盖天子巡狩所经过，夷狄慕圣人恩德，辄共为筑立台观以标显其遗迹也。一本云：所杀相柳，地腥臊，不可种五谷，以为众帝之台。"《海内经附传》："地在今阜康县。"

【译文】帝尧台、帝喾台、帝丹朱台、帝舜台，各有两个，台呈四方形，在昆仑的东北面。

内北-9大蜂，其状如螽①。朱蛾，其状如蛾。

【注释】① "大蜂"两句，郝懿行曰："蜂有极桀大者，仅曰如螽，似不足方之。疑螽即为'蜂'字之讹，与下句词义相比。"《海内经附传》："乌鲁木齐河象蜂螫形，其东阜康县诸水象蚁形。"

【译文】大蜂的形状像螽。朱蛾的形状像蛾。

内北-10蟜①，其为人虎文，胫有胶②。在穷奇东。一曰，状如人。昆仑虚北所有③。

【注释】① 蟜，音jiǎo。 ②胫有胶，郭璞曰："言脚有腨肠也。"腨肠，即腓肠，参见外北-1注①。 ③郭璞曰："此同上物事也。"郝懿行曰："郭意此已上物事，皆昆仑虚北所有也。"

【译文】蟜，这种人身上有虎一样的花纹，小腿上有腿肚。在穷奇的东面。一说形状像人。昆仑虚的北面才有。

内北-11阘①非，人面而兽身，青色。

【注释】① 阘，音tà。

【译文】阘非，长着人的面孔，兽类的身体，青色。

内北-12据比之尸①，其为人折颈被发，无一手。

【注释】① 据比之尸，《海内经附传》："据，俯若慮也。肖赛里木之形。"

阘非

【译文】据比尸，这种人脖子是折断的，披散着头发，少一只手。

^{内北-13}环狗，其为人兽首人身。一曰猬状如狗，黄色①。

【注释】①"一曰"两句，这里的"一曰"之后是另一版本的文字记录，但因为比较简略，出现了一个断句问题，我们无法知道另一本究竟是在说环狗"猬状，如狗，黄色"，还是说这环狗"一曰猬"，并且具有"状如狗，黄色"的特征。从常理上推断，似乎后一种情况可能性稍大，译文姑从之。《海内经附传》："象罗克伦诸水西北入阿雅尔泊之形。"

【译文】环狗，这种人长着兽类的头，人的身体。一说是猬，形状像狗，黄色。

^{内北-14}袜①，其为物人身黑首从目②。

戎

【注释】①袜（mèi），即魅。②"其为"句，《海内经附传》："萨尔巴克图北岸之阿尔沙图池水象从目也。"从，即"纵"。

【译文】袜，这种怪物长着人的身体，黑头，竖眼睛。

^{内北-15}戎，其为人人首三角。

【译文】戎，这种人长着人的头，有三个角。

^{内北-16}林氏国^①有珍兽,大若虎,五采毕具,尾长于身,名曰驺^②吾,乘之日行千里^③。

【注释】① 林氏国,《海内经附传》:"即三危国。其地有羽陵,因复为号,或称亦林。" ②驺,音zōu。 ③ "林氏"六句,郭璞曰:"《六韬》云:'纣囚文王,闳夭之徒诣林氏国求得此兽献之,纣大悦,乃释之。'《周书》曰:'夹林酋耳,酋耳若虎,尾参于身,食虎豹。'《大传》谓之侄兽。吾,宜作'虞'也。"

驺吾

【译文】林氏国有一种珍奇的兽类,大小和虎差不多,身上有五彩,尾巴比身体还长,名叫驺吾,骑着它能日行千里。

^{内北-17}昆仑虚南所,有氾林^①方三百里。

【注释】①氾林,《海内经附传》:"疑即大小榆谷,在青海之南河曲中。"

【译文】昆仑虚的南面,有方圆三百里的氾林。

^{内北-18}从极之渊^①深三百仞,维冰夷^②恒都焉。冰夷人面,乘两龙^③。一曰忠极之渊。

【注释】① 从极之渊,《海内经附传》:"即河套西北之腾格里池。" ②冰夷,郭璞曰:"冯夷也。《淮南》云:'冯夷得道,以潜大川。'即河伯也。《穆天子传》所谓'河伯无夷'者,《竹书》作冯夷,字或作'冰'也。" ③乘两龙,郭璞曰:"画四面各乘灵车,驾二龙。"

冰夷

【译文】从极渊深三百仞，冰夷常住在这里。冰夷长着人的面孔，乘两条龙。一说是忠极渊。

内北-19 阳污之山，河出其中；凌门之山，河出其中。①

【注释】① "阳污"四句，《海内经附传》："阳污即阳纡，在套北；凌门即龙门。"

【译文】阳污山，河水从中发源；凌门山，河水从中发源。

内北-20 王子夜①之尸，两手、两股、胸、首、齿，皆断异处。

【注释】① 王子夜，郭璞曰："此盖形解而神连，貌乖而气合，合不为密，离不为疏。"《海内经附传》："夜当作亦。王子亦之尸在今玉门县地，象昌马诸水形。"

【译文】王子夜之尸，两只手、两条腿、胸、头和牙齿，都破碎散落在不同的地方。

内北-21舜妻登比氏生宵明、烛光①，处河大泽，二女之灵能照此所方百里。一曰登北氏②。

【注释】①"舜妻"句，郭璞曰："即二女字也，以能光照，因名云。"　②"舜妻"五句，《海内经附传》："此象河滩东两小池为说，非实舜事也。比作北为是背也，屋脊也。舜之言舛，故以登北为之妻，登北犹升极，指谓腾格里池也。宵明谓活育儿大泊；烛光，杜勒泊也。大泽即河滩，所谓阳纡之薮。"

【译文】舜的妻子登比氏生宵明、烛光，在河的边上，二个女子的灵光能照亮这里方圆百里的范围。一说登北氏。

内北-22盖国①在钜燕南，倭北。倭属燕②。

【注释】①盖国，《海内经附传》："即濊国，在今朝鲜之永兴府，数水东入海，源与大同江诸源东西相际，似簠敦之盖。"②倭，郭璞曰："倭国在带方东大海内，以女为主，其俗露纷，衣服无针功，以丹朱涂身，不妒忌，一男子数十妇也。"

【译文】盖国在钜燕的南面，倭的北面。倭属于燕。

内北-23朝鲜①在列阳东②，海北山南。列阳属燕。

【注释】①朝鲜，郭璞曰："朝鲜，今乐浪县，箕子所封也。"《海内经附传》："朝鲜在钜燕西南，象石膏水与末源城水为名也。"　②列阳，郭璞曰："列，亦水名也，今在带方，带方有列口县。"《山海经地理今释》卷六："列阳，今朝鲜黄海道安岳县以西滨海之地。山南为平安道祥原县以东、光山之南。"《海内经附传》："列阳在鸭绿江北，江水流至九连城歧为数派，复合如束苇，名列水也。"

【译文】朝鲜在列阳的东面，海的北面、山的南面。列阳属燕。

内北-24列姑射①在海河州中。

【注释】① 列姑射，郭璞曰："山名也。山有神人。河州在海中，河水所经者。庄子所谓藐姑射之山也。"

【译文】列姑射山在海河州中。

列姑射山

内北-25射姑国①在海中，属列姑射，西南，山环之。

【注释】① 射姑国，《海内经附传》："由列姑射循海东南行，得襄阳府，即射姑国。有投射山与姑射东西相对，故曰射姑。海水环其东北，故曰在海中。此皆在倭北也。"

【译文】射姑国在海中，属于列姑射，西南面有山环绕。

内北-26大蟹在海中①。

【注释】① 郭璞曰："盖千里之蟹也。"

【译文】大蟹在海中。

陵鱼

内北-27陵鱼人面，手足，鱼身，在海中。

【译文】陵鱼长着人的面孔，有手脚，鱼的身体，在海中。

内北-28大鳊居海中①。

【注释】①鳊（biān），郭璞曰："鳊即鲂也。"

【译文】大鳊住在海中。

内北-29明组邑居海中。

【译文】明组邑住在海中。

内北-30蓬莱山在海中①。

【注释】①"蓬莱"句，郭璞曰："上有仙人宫室，皆以金玉为之，鸟兽尽白，望之如云，在渤海中也。"《海内经附传》："今莱阳县之五龙河象转蓬，大、小姑河象莱，三面距海，故云在海中。"

【译文】蓬莱山在海中。

蓬莱山

内北-31大人之市①在海中。

【注释】①大人之市，《海内经附传》："今登州海中洲岛上，春夏之交恒见城郭市廛，人物往来，谓之海市也。"

【译文】大人市在海中。

卷十三 海内东经

海内东经

【题解】这个部分又突然回到了现实的空间,几乎没有神话而全是地理内容,吴承志也得以详为注解,以至大夏、竖沙、居繇、月支四个地名论至近万字。今不能全录,只能略择一二郭璞原注所缺者,其他校订辩证的内容概不收入。

海内东北陬以南者。

【译文】海内东北角以南的。

内东-1钜燕①在东北陬。

【注释】①钜燕,《海内经附传》:"钜燕在鸭绿江上游,水形肖燕飞而折如钜末。"

【译文】钜燕在东北角。

内东-2国在流沙中者埻①、端②、玺③、睆④,在昆仑虚东南。一曰海内之郡,不为郡县在流沙中。

【注释】①埻(guó),《山海经地理今释》卷六:"埻,旧读为敦,有《传》音可据,必敦煌故国。" ②端,《山海经地理今释》卷六:"《汉书·地理志》敦煌郡冥安下云:'南籍端水出南

羌中，西北入其泽，溉民田。'冥安与敦煌邻接，其水自羌中流出南
籍，承故名为端，是即端故国所在。" ③玺，《山海经地理今释》
卷六："酒泉县有绥彌。彌正文作璽，《说文·弓部》'璽'篆解
云：'弛弓也，从弓，璽声。'隶书省玉作彌，是彌旧读本与璽同。
此璽国即彌国，绥彌谓绥安彌羌之族。" ④睆（huàn），《山海经
地理今释》卷六："《志》县名有乐涫，与绥弥同隶一部。涫为水泉
沸出之名，古读如澳，亦读如涣，睆与暾皆其声借。四国并在今甘
肃西北界上。"《海内经附传》以埻端为一名，谓即今克力底雅；
玺睆又为一名，即今和阗。

【译文】建国在流沙中的有埻、端、玺、睆，在昆仑虚的
东南面。一说海内的郡，不设置郡县在流沙中。

内东-3 国在流沙外者，大夏①、竖沙、居繇、月支②之
国。

【注释】①大夏，郭璞曰："大夏国城方二三百里，分为数十
国，地和温，宜五谷。" ②月支，郭璞曰："月支国多好马、美果，
有大尾羊如驴尾，即羬羊也。小月支、天竺国皆附庸云。"

【译文】建国在流沙外的，有大夏、竖沙、居繇、月支。

内东-4 西胡白玉山在大夏东，苍梧在白玉山西南，皆
在流沙西，昆仑虚东南。昆仑山在西胡西，皆在西北①。

【注释】①"昆仑"两句，郭璞曰："《地理志》，昆仑山在
临羌西，又有西王母祠也。"《海内经附传》："西胡即玺睆国。苍
梧，今叶尔羌之密尔岱山也。"

【译文】西胡白玉山在大夏的东面，苍梧在白玉山的西
南面，都在流沙的西面，昆仑虚的东南面。昆仑山在西胡的

西面,都在西北。

内东-5雷泽中有雷神①,龙身而人头,鼓其腹。在吴西。

雷神

【注释】①雷泽,郭璞曰:"今城阳有尧冢灵台。雷泽在北也。《河图》曰:'大迹在雷泽,华胥履之而生伏羲。'"

【译文】雷泽中有雷神,长着龙的身体,人的头,敲打它的腹部。在吴西。

内东-6都州在海中。一曰郁州①。

【注释】①"都州"两句,郭璞曰:"今在东海朐县界,世传此山自苍梧从南徙来,上皆有南方物也。"

【译文】都州在海中。一说郁州。

内东-7琅邪台在渤海间,琅邪之东①。其北有山。一曰在海间。

【注释】①"琅邪"两句,郭璞曰:"今琅邪在海边,有山嶕峣特起,状如高台,此即琅邪台也。琅邪者,越王句践入霸中国之所都。"《海内经附传》:"在沂州东北夏河所有,岛四方而高如台,广十里,与陆岸相连,其北则灵山也。沂州,古琅邪地,产马脑玉,故名马脑,即琅邪也,一作'琅玕',误作'琅玗'。"

【译文】琅邪台在渤海间,琅邪的东面。它的北面有山。一说在海间。

^{内东-8}韩雁^①在海中,都州南。

【注释】①韩雁,《海内经附传》:"在镂方东。扶虆水象雁以喙击物,张翅屈颈屡俯之形。"

【译文】韩雁在海中,都州的南面。

^{内东-9}始鸠^①在海中,辕厉南。

【注释】①始鸠,郭璞曰:"国名。或曰:鸟名也。"《海内经附传》:"即诸钩山,象舒鸠乘雌弗当之形。"

【译文】始鸠在海中,辕厉的南面。

内东-10会稽山在大楚南。

【译文】会稽山在大楚的南面。

^{内东-11}岷三江:首大江出汶山^①,北江出曼山,南江出高山。高山在城都西。入海在长州^②南。

【注释】①汶山,郭璞曰:"今江出汶山郡升迁县岷山,东南经蜀郡犍为至江阳,东北经巴东、建平、宜都、南郡、江夏、弋阳、安丰至庐江南界,东北经淮南、下邳至广陵郡入海。 ②长州,《海内经附传》:"长州在如皋东,即崇明岛。"

【译文】岷三江:首先大江源自汶山,北江源自曼山,南江源自高山。高山在城都的西面。入海处在长州的南面。

^{内东-12}浙江出三天子都^①,在其^②东。在闽西北,入海,馀暨南^③。

【注释】① "浙江"句,郭璞曰:"按《地理志》,浙江出新安黟县南蛮中,东入海,今钱塘浙江是也。黟即歙也。"《海内经附

传》："浙同渐。渐江，今剡溪，水形象人曳锯也。" ②其，吕调阳校作"共"，《海内经附传》："共，今处州两水如拱。" ③馀暨，郭璞曰："馀暨县属会稽，今为永兴县。"《海内经附传》："馀暨，今海盐县，越人谓盐为馀，见《越绝》。"

【译文】浙江源自三天子都，在它的东面。在闽西北部，入海，馀暨的南面。

内东-13庐江出三天子都，入江，彭泽西①。一曰天子鄣。

【注释】①彭泽，郭璞曰："彭泽今彭蠡也，在寻阳彭泽县。"

【译文】庐江源自三天子都，流入长江，彭泽的西面。一说天子鄣。

内东-14淮水出馀山，馀山在朝阳东①，义乡西，入海，淮浦北②。

【注释】①朝阳，郭璞曰："朝阳县今属新野。" ②"义乡"三句，郭璞曰："今淮水出义阳平氏县桐柏山山东，北经汝南、汝阴、淮南、谯国、下邳至广陵县入海。"《海内经附传》："此经以视为淮，以湍为汝，皆与古异。馀山即胎簪山。汉朝阳县在今邓州东南，义乡即义阳也，今信阳州。淮浦，今洪泽湖。"

【译文】淮水源自馀山，馀山在朝阳的东面，义乡的西面，入海，淮浦的北面。

内东-15湘水出舜葬东南陬，西环之①。入洞庭下②。一曰东南西泽。

【注释】① "湘水"两句，郭璞曰："环，绕也。今湘水出零陵营道县阳湖山入江。" ② 入洞庭下，郭璞曰："洞庭，地穴也，在长沙巴陵。今吴县南太湖中有包山，下有洞庭，穴道潜行水底，云无所不通，号为地脉。"《海内经附传》："西环之谓分，漓水西流出其北而南也。下，谓在南。"

【译文】湘水源自舜墓葬的东南角，在西面环绕，流入洞庭之下。一说东南西泽。

内东-16 汉水出鲋鱼之山①，帝颛顼葬于阳，九嫔葬于阴，四蛇卫之。

【注释】① "汉水"句，郭璞曰："《书》曰：'嶓冢导漾，东流为汉。'按《水经》，汉水出武都沮县东狼谷，经汉中魏兴至南乡，东经襄阳至江夏安陆县入江。别为沔水，又为沧浪之水。"吕调阳校汉水为"濮水"，《海内经附传》："今名魏河，出开州西南，两源合而东流至子岸集，右合柳青河，分为三，流十数里复合，水形似鲋鱼，亦似羹。古入济水注海，今流归新黄河也。"

四蛇

【译文】汉水源自鲋鱼山，帝颛顼葬在山的南面，九嫔葬在山的北面，有四条蛇守卫着。

内东-17 濛水出汉阳西①，入江，聂阳西②。

【注释】①汉阳，郭璞曰："汉阳县属朱提。" ②"濛水"三句，《海内经附传》："濛即北江，今出成都彭县。聂阳，今永川县地。大江自重庆以西回流屈复似聂耳，故曰聂。今濛水至泸州入江，在其西也。"

【译文】濛水源自汉阳的西面，流入江，聂阳的西面。

内东-18 温水出崆峒山，在临汾南①，入河，华阳北。

【注释】①"温水"两句，郭璞曰："今温水在京兆阴盘县，水常温也。临汾县属平阳。"

【译文】温水源自崆峒山，在临汾的南面，流入河，华阳的北面。

内东-19 颍水出少室，少室山在雍氏南，入淮西鄢北①。一曰缑氏②。

【注释】①"颍水"三句，郭璞曰："今颍水出河南阳城县乾山，东南经颍川汝阴至淮南下蔡，入淮。鄢，今鄢陵县，属颍川。"《海内经附传》："鄢疑当作邘，今颍口之南，夹淮有东西正阳镇。郭以为鄢陵，远矣。" ②缑氏，郭璞曰："县属河南。"

【译文】颍水源自少室，少室山在雍氏的南面，流入淮西鄢北。一说缑氏。

内东-20 汝水出天息山，在梁勉乡西南，入淮极西北①。一曰淮在期思北②。

【注释】①"汝水"三句，郭璞曰："今汝水出南阳鲁阳县大盂山，东北至河南梁县，东南经襄城、颍川、汝南至汝阴褒信县入淮。淮极，地名。"《海内经附传》："天息即翼望山。梁，县名。

汉、晋《地理志》并属河南郡，今汝州。勉乡即鄹乡城，湍水象兔被蹄力拽之也。极西即期思，汉、晋为期思县。" ②期思，郭璞曰："期思县属弋阳。"

【译文】汝水源自天息山，在梁勉乡的西南面，流入淮极西北。一说淮在期思的北面。

内东-21 泾水出长城北山，山在郁郅、长垣北①，北入渭②，戏③北。

①郁郅、长垣，郭璞曰："皆县名也。" ②北入渭，郭璞曰："今泾水出安定朝那县西笄头山，东南经新平、扶风至京兆高陵县入渭。" ③戏，郭璞曰："地名，今新丰县也。"

【译文】泾水源自长城北山，山在郁郅、长垣的北面，向北流入渭水，戏的北面。

内东-22 渭水出鸟鼠同穴山①，东注河，入华阴北。

【注释】①"渭水"句，郭璞曰："鸟鼠同穴山今在陇西首阳县，渭水出其东，经南安、天水、略阳、扶风、始平、京兆、弘农、华阴县入河。"

【译文】渭水源自鸟鼠同穴山，向东注入黄河，流入华阴的北面。

内东-23 白水①出蜀，而东南注江，入江州②城下。

【注释】①白水，郭璞曰："色微白浊，今在梓潼白水县，源从临洮之西西倾山来，经沓中，东流通阴平至汉寿县入潜。"《海内经附传》："今出松潘黄胜关外八十馀里，东流入祥楚河，会嘉陵江，东南至重庆城下。" ②江州，郭璞曰："江州县属巴郡。"

【译文】白水源自蜀，向东南流注入江，流入江州城下。

内东-24 沅水山出象郡镡城①西，入东注江，入下隽②西，合洞庭中③。

【注释】①象郡镡（xín）城，郭璞曰："象郡今日南也。镡城县今属武陵。" ②下隽，郭璞曰："下隽县今属长沙。"《海内经附传》："下隽，今鹿角司，地在湖东，西对沅口。" ③合洞庭中，郭璞曰："《水经》曰，沅水出牂牁且兰县，又东北至镡城县，为沅水。又东过临沅县南，又东至长沙下隽县。"《海内经附传》："大江自虎渡、调弦诸口分流入洞庭，故言合。"

【译文】沅水源自象郡镡城西，向东注入江，流入下隽西，合入洞庭湖。

内东-25 赣水①出聂都②东山，东北注江，入彭泽西。

【注释】①赣水，郭璞曰："今赣水出南康南野县西北。"《海内经附传》："赐下谓之赣。池江水出大庾岭，象持物与人也。" ②聂都，《海内经附传》："今桂阳县水曲似聂耳。"

【译文】赣水源自聂都东山，向东北注入江，流入彭泽西。

内东-26 泗水①出鲁东北而南，西南过湖陵②西，而东南注东海，入淮阴北。

【注释】①泗水，郭璞曰："今泗水出鲁国卞县，西南至高平湖陆县，东南经沛国、彭城、下邳至临淮下相县入淮。"《海内经附传》："泗出泗水县东南漏泽，泽水循三石穴而上，连冈通阜四十馀里,冈之西际便得泗源,石穴吐水,五泉俱导,皆吸泽水所为,故名曰泗。泗,咄也。" ②湖陵,《海内经附传》:"在昭阳湖北。"

【译文】泗水源自鲁东北而南,向西南过湖陵西,向东南注入东海,流入淮阴北。

内东–27郁水出象郡①,而西南注南海,入须陵东南。

【注释】①郁水出象郡,《海内经附传》:"盘江南源,出云南临安府,在开化府西。开化,古象郡;临安,则比景县地也。"

【译文】郁水源自象郡,向西南注入南海,流入须陵东南。

内东–28肄水①出临晋西南,而东南注海,入番禺①西。

【注释】①肄水,郭璞曰:"番禺县属南海,越之城下也。"《海内经附传》:"习书谓之肄。水出桂阳临武县西,象习书操笔之形,又名溱水。" ②番禺,《海内经附传》:"番禺在今新安县,有水肖仰掌而处海隅,因名焉。"

【译文】肄水源自临晋西南,向东南注入海,流入番禺西。

内东–29潢水出桂阳西北山,东南注肄水,入敦浦西①。

【注释】①潢水,《海内经附传》:"水今出连州西北大雾山,东南流经城南,又经黄泥塘,至佛冈厅,北注肄。其东正对腊溪河,即敦浦也。"

【译文】潢水源自桂阳西北山,向东南注入肄水,流入敦浦西。

内东-30洛水①出洛西山，东北注河，入成皋西。

【注释】①洛水，郭璞曰："《书》云：'道洛自熊耳。'按《水经》，洛水今出上洛冢岭山，东北经弘农至河南巩县入河。成皋县亦属河南也。"

【译文】洛水源自上洛西山，向东北注入河，流入成皋西。

内东-31汾水①出上窳②北，而西南注河，入皮氏③南。

【注释】①汾水，郭璞曰："今汾水出太原晋阳，故汾阳县，东南经晋阳，西南经河西平阳，至河东汾阴入河。" ②上窳，《海内经附传》："器漏曰窳。上窳即管涔山也。" ③皮氏，郭璞曰："皮氏县属平阳。"

【译文】汾水源自上窳北，向西南注入河，流入皮氏南。

内东-32沁水出井陉山①东，东南注河，入怀东南。

【注释】① "沁水"句，郭璞曰："怀县属河内，河内北有井陉山。"《海内经附传》："今临汾东南件级堡，其东南有乌岭关，即沁源所出，东流经沁水县合长羊水，又东南至武陟县入河也。"

【译文】沁水出井陉山东，向东南注入河，流入怀县东南。

内东-33济水出共山南东丘①，绝钜鹿泽②，注渤海，入齐琅槐东北③。

【注释】① "济水"句，《海内经附传》："济，沇也。共山以共水名。" ②绝钜鹿泽，郭璞曰："绝，犹截度也。钜鹿，今在高平。" ③"注渤"两句,郭璞曰:"今济水自荥阳卷县东经陈留至潜阴北,东北至高平东北经济南至乐安博昌县入海,今碣石也。诸水所出,又与《水经》违错,以为凡山川或有同名而异实,或同实而异名,或一实而数名,似是而非,似非而是,且历代久远,古今变易,语有楚夏,名号不同,未得详也。"

【译文】济水源自共山南东丘,横过钜鹿泽,注入渤海,流入齐琅槐东北。

内东-34漮水①出卫皋②东,东南注渤海,入潦阳③。

【注释】①潦水,郭璞曰:"出塞外卫皋山。玄菟高句骊县有潦山,小潦水所出。西河注大潦。" ②卫皋,《海内经附传》:"卫皋即多伦泊,上都河水形如周卫也。" ③潦阳,郭璞曰:"潦阳县属潦东。"

【译文】潦水源自卫皋东,向东南注入渤海,流入潦阳。

内东-35虖沱水出晋阳城南,而西至阳曲北①,而东注渤海,入越章武②北。

【注释】①"虖沱"两句,郭璞曰:"经河间乐城东北注渤海也。晋阳、阳曲县皆属太原。"《海内经附传》:"晋阳,今马邑乡,在晋水之阳也。汉人于太原置晋阳,失其实矣。" ②章武,郭璞曰:"郡名。"

【译文】虖沱水源自晋阳城南,向西至阳曲北,向东流注入渤海,流过章武郡北。

内东-36漳水出山阳东,东注渤海,入章武南①。

【注释】①"漳水"三句,郭璞曰:"新城汜阴县亦有漳水。"《海内经附传》:"章武,今静海县,古漳水自五氏绝河,东北出为滱水,北至浮阳东南,出为钩盘河而东北入海也。"

【译文】漳水源自山阳东,向东注入渤海,流入章武南。

建平元年四月丙戌,待诏太常属臣望校治,侍中光禄勋臣龚、侍中奉车都尉光禄大夫臣秀领主省。

卷十四 大荒东经

大荒东经

【题解】郭璞曰:"《海内经》及《大荒经》本皆进在外。"郝懿行曰:"据郭此言,是自此以下五篇,皆后人所祖述也,但不知所自始,郭氏作注亦不言及,盖在晋以前,郭氏已不能详矣。今考本经篇第,皆以南、西、北、东为叙,兹篇以后则以东、南、西、北为次,盖作者分别部居,令不杂厕,所以自别于古经也。又海外、海内经篇末皆有'建平元年四月丙戌'已下三十九字,为校书款识,此下亦并无之。又此下诸篇大抵本之海外、内诸经而加以诠释,文多凌杂,漫无统纪,盖本诸家记录,非一手所成故也。"荒经部分成书较晚,很可能编者也有部分内容不得其解,于是原样照抄,致使不少文字似通非通。比如《大荒南经》的"南极果,北不成,去痓果",后人实在无法了解其语义,汪绂为之强解,说"去痓"是山名,山上有树,结的果子可以治疗痓病,但只有山南面的树结果,北面的不结果。解释是解释通了,既没有根据,也缺乏可信度。既然无法了解,还是保持原状为好。《大荒经》中的国度介绍和《五臧山经》不同,有祖先、姓等特殊内容,看似增加了真实性,事实上却显得更加虚无缥缈。其草木鸟兽也大致另是一套,神话传说往往可以彼此参照,所以读者只能在"漫无统纪"的杂乱中,略微寻找一些资料了。

荒东-1 东海之外大壑①，少昊之国。少昊孺②帝颛顼于此，弃其琴瑟③。有甘山者，甘水出焉，生甘渊④。

【注释】①"东海"句，郭璞曰："《诗含神雾》曰：'东注无底之谷。'谓此壑也。《离骚》曰：'降望大壑。'" ②孺，郝懿行曰："《说文》云：'孺，乳子也。'《庄子·天运篇》云：'乌鹊孺。'盖育养之义也。" ③弃其琴瑟，郭璞曰："言其壑中有琴瑟也。"郝懿行曰："此言少皞孺养帝颛顼于此，以琴瑟为戏弄之具而留遗于此也。" ④生甘渊，郭璞曰："水积则成渊也。"

【译文】东海之外有个大坑地，是少昊国。少昊在这里养育帝颛顼，壑中有遗弃的琴瑟。有一座甘山，甘水在这里发源，生成甘渊。

荒东-2 大荒东南隅有山，名皮母地丘。

【译文】大荒东南角有山，名叫皮母地丘。

荒东-3 东海之外，大荒之中，有山名曰大言，日月所出。有波谷山者，有大人之国①。

【注释】①大人之国，郭璞曰："晋永嘉二年，有鹜鸟集于始安县南廿里之鹜陂中，民周虎张得之，木矢贯之铁镞，其长六尺有半，以箭计之，其射者人身应长一丈五六尺也。又平州别驾高会语云：'倭国人尝行，遭风吹度大海外，见一国人皆长丈馀，形状似胡，盖是长翟别种。'箭殆将从此国来也。《外传》曰：'焦侥人长三尺，短之至也，长者不过十丈，数之极也。'按《河图玉版》曰：'从昆仑以北九万里，得龙伯国人，长三十丈，生万八千岁而死。从昆仑以东得大秦人，长十丈，皆衣帛。从此以东十万里，得佻人国，长三十丈五尺。从此以东十万里，得中秦国人，长一丈。'《谷梁传》曰：'长翟身横九亩，载其头，眉见于轼。'即长数丈人也。秦时大人见临洮，身长五丈，脚迹六尺。准斯以言，则此大人之长短，未可得限度也。"另见外东-2。

【译文】东海之外，大荒之中，有一座山名叫大言，是日月升起的地方。有波谷山，山里有大人国。

荒东-4有大人之市①，名曰大人之堂②。有一大人踆③其上，张其两耳。

【注释】①大人之市，另见内北-31。　②大人之堂，郭璞曰："亦山名，形状如堂室耳。大人时集会其上作市肆也。"③踆，郭璞曰："踆或作'俊'，皆古'蹲'字。"

【译文】有大人的集市，名叫大人之堂。有一个大人蹲在上面，张着两只耳朵。

荒东-5有小人国，名靖人①。

【注释】①靖人，郭璞曰："《诗含神雾》曰：'东北极有人长九寸。'殆谓此小人也。"

【译文】有小人国，名叫靖人。

小人国

荒东-6有神，人面兽身，名曰犁䰦①之尸。

【注释】①䰦，音líng。

【译文】有一种神，长着人面兽身，名叫犁䰦之尸。

荒东-7有潏山，杨水出焉。

【译文】有潏山，杨水在这里发源。

犂䰠之尸

荒东-8有蔿[①]国，黍食[②]，使四鸟[③]：虎、豹、熊、罴。

【注释】①蔿，音wěi。 ②黍食，郭璞曰："言此国中惟有黍谷也。" ③四鸟，俞樾《读山海经》："虎、豹、熊、罴皆兽也，何以谓之鸟？疑'鸟'字当作'禽'。《说文·内部》'禽，走兽总名'，是其义也。后人不知'四禽'为总目虎、豹、熊、罴之辞，误谓禽、鸟通称，改禽为鸟，遂使兽蒙鸟名，失之千里。"

【译文】有蔿国，以黍为食，驱使四种兽：虎、豹、熊、罴。

荒东-9大荒之中，有山名曰合虚，日月所出。

【译文】大荒之中，有一座山名叫合虚，是日月升起的地方。

荒东-10有中容之国。帝俊[①]生中容，中容人食兽、木实，使四鸟：豹、虎、熊、罴。

【注释】①俊，郭璞曰："俊亦'舜'字假借音也。"

【译文】有中容国。帝俊生了中容，中容的人吃兽类和树上的果实，驱使四种兽：豹、虎、熊、罴。

荒东–11有东口之山。有君子之国,其人衣冠带剑①。

【注释】① "有君"两句,郭璞曰:"亦使虎豹,好谦让也。"

【译文】有东口山。有君子国,这里的人穿衣戴帽带剑。

荒东–12有司幽之国。帝俊生晏龙,晏龙生司幽,司幽生思士,不妻;思女,不夫①。食黍,食兽,是使四鸟。

【注释】① "帝俊"六句,郭璞曰:"言其人直思感而气通,无配合而生子,此《庄子》所谓'白鹳相视,眸子不运而感风化'之类也。"

【译文】有司幽国。帝俊生晏龙,晏龙生司幽,司幽生思士,不娶妻;生思女,不嫁人。吃黍,也吃兽类,驱使四种兽。

荒东–13有大阿之山者。

【译文】有大阿山。

荒东–14大荒中有山名曰明星,日月所出。

【译文】大荒中有一座山名叫明星,是日月升起的地方。

荒东–15有白民之国。帝俊生帝鸿,帝鸿生白民,白民销姓,黍食,使四鸟:虎、豹、熊、罴。

【译文】有白民国。帝俊生帝鸿,帝鸿生白民,白民姓销,吃黍,驱使四种兽:虎、豹、熊、罴。

荒东-16 有青丘之国，有狐，九尾①。

【注释】①有狐，九尾：郭璞曰："太平则出而为瑞也。"

【译文】有青丘国，有狐，长着九条尾巴。

荒东-17 有柔仆民，是维嬴土之国①。

【注释】①嬴，郭璞曰："嬴犹沃衍也。"

【译文】有柔仆民，是嬴土国。

荒东-18 有黑齿之国①。帝俊生黑齿②，姜姓，黍食，使四鸟。

【注释】①黑齿之国，郭璞曰："齿如漆也。"另见外东-9。②帝俊生黑齿，郭璞曰："圣人神化无方，故其后世所降育多有殊类异状之人，诸言生者，多谓其苗裔，未必是亲所产。"

【译文】有黑齿国。帝俊生黑齿，姓姜，吃黍，驱使四种兽。

荒东-19 有夏州之国。有盖余之国。

【译文】有夏州国。有盖余国。

荒东-20 有神人，八首人面，虎身十尾，名曰天吴①。

【注释】①天吴，郭璞曰："水伯。"

【译文】有神人，长着八个头，人的面孔，虎的身体，有十条尾巴，名叫天吴。

荒东-21 大荒之中，有山名曰鞠陵于天、东极、离瞀①，日月所出。名曰折丹②，东方曰折③。来风④曰俊，处

折丹

东极以出入风⑤。

【注释】①鞠陵于天、东极、离瞀，郭璞曰："三山名也。" ②折丹，郭璞曰："神人。"郝懿行曰："'名曰折丹'上疑脱'有神'二字。" ③东方曰折，郭璞曰："单呼之。"郝懿行曰："吁当为呼，字之讹。"谓"折丹"二字单呼"折"字。④来风，郭璞曰："未详来风所在也。"下文有"来风曰俊"，又有"来之风曰狱"，不知是否其神能招来风的意思。 ⑤"处东"句，郭璞曰："言此人能节宣风气，时其出入。"

【译文】大荒之中，有山名叫鞠陵于天、东极、离瞀，是日月升起的地方。名叫折丹，东方叫折。来风叫俊，在东极风出入的地方。

荒东-22东海之渚①中有神，人面鸟身，珥两黄蛇，践两黄蛇，名曰禺䝞。黄帝生禺䝞②，禺䝞生禺京③，禺京处北海，禺䝞处东海，是惟海神。

【注释】①渚，郭璞曰："岛。" ②䝞，"号"字异文。③禺䝞，郭璞曰："即禺强也。"

【译文】东海岛上有神，人面鸟身，耳戴两条黄蛇，脚踩两条黄蛇，名叫禺䝞。黄帝生禺䝞，禺䝞生禺京；禺京在北海，禺䝞在东海，是海神。

荒东-23有招摇山，融水出焉。有国曰玄股①，黍食，使四鸟。

【注释】① 玄股，郭璞曰："自髀以下如漆。"另见外东-12。

【译文】有招摇山，融水在这里发源。有国叫玄股，这里的人吃黍，驱使四种兽。

荒东-24有困民国，勾姓而食①。有人曰王亥，两手操鸟，方食其头。王亥托于有易、河伯仆牛②。有易杀王亥，取仆牛③。河念有易，有易潜出，为国于兽，方食之，名曰摇民④。帝舜生戏，戏生摇民。

【注释】① 勾姓而食，郝懿行曰："'勾姓'下、'而食'上，当有阙脱。" ② 河伯仆牛，郭璞曰："河伯、仆牛，皆人姓名。托，寄也。见《汲郡竹书》。" ③ "有易"两句，郭璞曰："《竹书》曰：'殷王子亥宾于有易而淫焉，有易之君绵臣杀而放之。是故殷主甲微假师于河伯以伐有易，灭之，遂杀其君绵臣也。'汪绂曰："据此则仆牛即王亥所淫者。" ④ "河念"五句，郭璞曰："言有易本与河伯友善，上甲微殷之贤王，假师以义伐罪，故河伯不得不助灭之。既而哀念有易，使得潜化而出，化为摇民国。"按，本节旧从郭璞注，以仆牛为人名，终难说通。近代学者王国维《殷卜辞中所见先公先王考》又提出仆牛即服牛（驯养的牛），这样，故事就成了有易、河伯、

王亥

王亥之间由牛引发的命案。相比之下，这个说法稍微合理一点，但王国维的考证太长，所以这里取郭璞等人的注释而用王国维的意思释文。

【译文】有困民国，姓勾，吃黍。有人叫王亥，两手拿着鸟，正吃它的头。王亥把他养的牛托付给有易、河伯。有易杀了王亥，拿了他的牛。河伯同情有易，让他潜逃出走，在兽类的地方立国，名叫摇民。帝舜生戏，戏生摇民。

荒东-25海内有两人，名曰女丑①。女丑有大蟹②。

【注释】①女丑，郭璞曰："即女丑之尸，言其变化无常也。然则一以涉化津而遘神域者，亦无往而不之，触感而寄迹矣。范蠡之伦，亦闻其风者也。" ②大蟹，郭璞曰："广千里也。"

【译文】海内有两个人，名叫女丑。女丑有大蟹。

荒东-26大荒之中，有山名曰孽摇頵①羝，上有扶木，柱三百里，其叶如芥②。有谷曰温源谷③。汤谷上有扶木④。一日方至，一日方出⑤，皆载于乌⑥。

【注释】①頵，音yūn。 ②其叶如芥，郭璞曰："柱犹起高也。叶似芥菜。" ③温源谷，郭璞曰："温源即汤谷也。" ④"汤谷"句，郭璞曰："扶桑在上。" ⑤"一日"两句，郭璞曰："言交会相代也。" ⑥乌，郭璞曰："中有三足乌。"

【译文】大荒之中，有山名叫孽摇頵羝，山上有扶木，高三百里，叶子像芥。有谷叫温源谷。汤谷上有扶木。一个太阳刚落下，一个太阳就升起，都载在乌的身上。

荒东-27有神，人面、犬耳、兽身，珥两青蛇，名曰奢比尸①。

【注释】①奢比尸，另见外东-3。

【译文】有神，长着人的面孔、狗的耳朵、兽的身体，耳戴两条青蛇，名叫奢比尸。

荒东-28有五采之鸟，相乡弃沙①。惟帝俊下友。帝下两坛，采鸟是司②。

【注释】①沙，郭璞曰："未闻'沙'义。"郝懿行曰："沙疑与'娑'同，鸟羽娑娑然也。" ②"帝下"两句，郭璞曰："言山下有舜二坛，五采鸟主之。"

【译文】有五采鸟，相向而舞。只有帝俊和它交朋友。帝在下的两个神坛，由五采鸟掌管。

五采鸟

荒东-29大荒之中，有山名猗天苏门，日月所生。有壎①民之国。

【注释】①壎，音xūn。

【译文】大荒之中，有山名叫猗天苏门，是日月升起的地方。有壎民国。

荒东-30有綦①山。又有摇山。有䰝②山。又有门户山。又有盛山。又有待山。有五采之鸟。

【注释】①綦，音qí。 ②䰝，同甑。

【译文】有綦山。又有摇山。有䰝山。又有门户山。又有盛山。又有待山。有五采鸟。

荒东-31东荒之中，有山名曰壑明俊疾，日月所出。有中容之国①。

【注释】①中容之国，郝懿行曰："中容之国，已见上文。诸文重复杂沓，踳驳不伦，盖作者非一人，书成非一家故也。"

【译文】东荒之中，有山名叫壑明俊疾，是日月升起的地方。有中容国。

荒东-32东北海外，又有三青马、三骓①、甘华。爰有遗玉、三青鸟、三骓、视肉②、甘华、甘柤③，百谷所在。

【注释】①三骓，郭璞曰："马苍白杂毛为骓。"荒南-27又说是"赤马"。 ②视肉，郭璞曰："聚肉有眼。"参见外南-21注⑤。 ③甘华、甘柤，见荒南-27。

【译文】东北海外，又有三青马、三骓、甘华。这里有遗玉、三青鸟、三骓、视肉、甘华、甘柤，是百谷生长的地方。

鵵

荒东-33有女和月母之国。有人名曰鵵①，北方曰鵵，来之风曰狨②，是处东极隅以止日月，使无相间出没，司其短长③。

【注释】①鵵，音wǎn。 ②狨，音yǎn。 ③"是处"三句，郭璞曰："言鵵主察日月出入，不令得相间错，知景之短长。"

【译文】有女和月母国。有人名叫鵷，北方叫鵷，吹来的风叫狻，处在最东面节制日月，使它们的出入不杂乱无序，并掌管着时间长短。

荒东-34大荒东北隅中，有山名曰凶犁土丘。应龙①处南极，杀蚩尤②与夸父，不得复上③。故下数旱④，旱而为应龙之状，乃得大雨⑤。

【注释】①应龙，郭璞曰："龙有翼者也。" ②蚩尤，郭璞曰："作兵者。" ③不得复上，郭璞曰："应龙遂住地下。" ④故下数旱，郭璞曰："上无复作雨者故也。" ⑤"旱而"两句，郭璞曰："今之土龙本此。气应自然冥感，非人所能为也。"

【译文】大荒东北角中，有山名叫凶犁土丘。应龙在南

应龙

极,杀了蚩尤和夸父,不能再上去。所以下面总是干旱,遇旱就画应龙的图形,便能得到大雨。

荒东-35东海中有流波山,入海七千里。其上有兽,状如牛,苍身而无角,一足,出入水则必风雨,其光如日月,其声如雷,其名曰夔。黄帝得之,以其皮为鼓,橛以雷兽①之骨,声闻五百里,以威天下。

【注释】①雷兽,郭璞曰:"雷兽即雷神也,人面龙身,鼓其腹者。橛犹击也。"

夔

【译文】东海中有流波山,深入海中七千里。山上有一种兽,形状像牛,青黑色的身体,没有角,一只脚,出入水中必定带来风雨,发出的光像日月,声音像雷,名字叫夔。黄帝抓到了它,用它的皮做鼓,用雷兽的骨头敲击,声音能传出五百里,威震天下。

卷十五 大荒南经

大荒南经

^{荒南-1}南海之外，赤水之西，流沙之东①，有兽，左右有首，名曰跋踢②。有三青兽相并，名曰双双③。

【注释】①"赤水"两句，郭璞曰："赤水出昆仑山，流沙出钟山也。" ②跋（chù）踢，郭璞曰："出狄名国。"郝懿行曰："狄名国未详所在，疑本在经内，今逸也。" ③"有三"两句，郭璞曰："言体合为一也。《公羊传》所云'双双而俱至者'，盖谓此也。"

【译文】南海之外，赤水的西面，流沙的东面，有一种兽，左右有头，名叫跋踢。有三个青兽连体相合，名叫双双。

^{荒南-2}有阿山者。南海之中，有氾天之山，赤水穷焉①。赤水之

跋踢

双双

东，有苍梧之野，舜与叔均之所葬也②。爰有文贝③、离俞④、鸱久⑤、鹰、贾⑥、委维⑦、熊、罴、象、虎、豹、狼、视肉⑧。

【注释】①池水穷焉，郭璞曰："流极于此山也。" ②"赤水"三句，郭璞曰："叔均，商均也。舜巡狩，死于苍梧而葬之，商均因留，死，亦葬焉。基在今九疑之中。" ③文贝，郭璞曰："即紫贝也。" ④离俞，郭璞曰："即离朱。"离朱，参见外南-21注④。⑤鸱久，参见外南-21注⑦。 ⑥贾，郭璞曰："贾亦鹰属。"⑦委维，郭璞曰："即委蛇也。"《庄子·达生》："委蛇，其大如毂，其长如辕，紫衣而朱冠。其为物也，恶闻雷车之声，则捧其首而立。见之者殆乎霸。" ⑧视肉，参见外南-21注⑤。

【译文】有阿山。南海之中有氾天山，赤水在这里终结。赤水的东面，有苍梧野，舜与叔均都葬在这里。这里有文贝、离俞、鸱久、鹰、贾、委维、熊、罴、象、虎、豹、狼、视肉。

荒南-3 有荣山，荣水出焉。黑水之南，有玄蛇，食麈①。

【注释】①食麈，郭璞曰："今南山蚺蛇吞鹿，亦此类。"麈，参见中8-6注⑥。

元蛇

玄蛇

【译文】有荣山，荣水在这里发源。黑水的南面，有黑蛇，吃驼鹿。

荒南-4 有巫山者，西有黄鸟，帝药八斋①。黄鸟于巫山，司此玄蛇②。

【注释】①帝药八斋，郭璞曰："天帝神仙药在此也。"
②"黄鸟"两句，郭璞曰："言主之也。"

【译文】有巫山，西面有黄鸟，天帝贮藏仙药的，八间屋子。黄鸟在巫山，管理这里的黑蛇。

荒南-5 大荒之中，有不庭之山，荣水穷焉。有人三身，帝俊妻娥皇，生此三身之国①，姚姓②，黍食，使四鸟。有渊四方，四隅皆达③，北属④黑水，南属大荒，北旁名曰少和之渊，南旁名曰从渊，舜之所浴也。

【注释】①"有人"三句，郭璞曰："盖后裔所出也。"
②姚姓，郭璞曰："姚，舜姓也。" ③四隅皆达，郭璞曰："言渊四角皆旁通也。" ④属，郭璞曰："犹连也。"

【译文】大荒之中，有不庭山，荣水在这里终结。有人长着三个身体，帝俊的妻子娥皇生了这三身国的人，姓姚，吃黍，驱使四种兽。有渊呈方形，四个角都通，向北连接黑水，向南连接大荒，北部名叫少和渊，南部名叫从渊，是舜洗澡的地方。

荒南-6 又有成山，甘水穷焉。有季禺之国，颛顼之子①，食黍。有羽民之国，其民皆生毛羽。有卵民之国，其民皆生卵②。

【注释】①颛顼之子，郭璞曰："言此国人颛顼之裔子也。"
②其民皆生卵，郭璞曰："即卵生也。"

【译文】又有成山，甘水在这里终结。有季禺国，是颛顼的后代，吃黍。有羽民国，这里的人都长羽毛。有卵民国，这里的人都生蛋。

荒南-7大荒之中，有不姜之山，黑水①穷焉。又有贾山，汔②水出焉。又有言山。又有登备之山③。有恝恝④之山。又有蒲山，澧水出焉。又有隗山，其西有丹，其东有玉。又南有山，漂水出焉。有尾山。有翠山⑤。

【注释】①黑水，郭璞曰："黑水出昆仑山。" ②汔，音qì。③登备之山，郭璞曰："即登葆山，群巫所从上下者也。"见外西-11。 ④恝，音qì。 ⑤翠山，郭璞曰："言此山有翠鸟也。"

【译文】大荒之中，有不姜山，黑水在这里终结。又有贾山，汔水在这里发源。又有言山。又有登备山。有恝恝山。又有蒲山，澧水在这里发源。又有隗山，它的西面有丹，东面产玉。又南面还有山，漂水在这里发源。有尾山。有翠山。

盈民国

荒南-8有盈民之国，於姓，黍食。又有人方食木叶。

【译文】有盈民国，姓於，吃黍。又有人正在吃树叶。

荒南-9有不死之国，阿姓，甘木①是食。

【注释】①甘木，郭璞曰："甘木即不死树，食之不老。"另见内西-19。

【译文】有不死国，姓阿，以甘木为食。

荒南-10大荒之中，有山名曰去痓①。南极果，北不成，去痓果。

【注释】①痓，音chì。

【译文】大荒之中，有山名叫去痓。南极果，北不成，去痓果。

不廷胡余

荒南-11南海渚中，有神，人面，珥两青蛇，践两赤蛇，曰不廷胡余①。有神名曰因因乎，南方曰因乎夸风，曰乎民②，处南极以出入风。

【注释】①不廷胡余，郭璞曰："神名耳。" ②"南方"两句，郭璞曰："亦有二名。"

【译文】南海岛中有神，长有人的面孔，耳戴两条青蛇，脚踩两条赤蛇，叫不廷胡余。有神名叫因因乎，南方叫因乎夸风，又叫乎民，住在南极掌管风的出入。

因因乎

荒南-12有襄山。又有重阴之山。有人食兽，曰季厘①。帝俊生季厘，故曰季厘之国。有缗②渊。少昊生倍伐，倍伐降处缗渊。有水四方，名曰俊坛。

【注释】①季厘，郝懿行曰："文十八年《左传》云：'高辛氏才子八人'，有季狸。狸、厘声同，疑是也。是此帝俊又为帝喾矣。" ②缗，音hún。

季厘国

【译文】有襄山。又有重阴山。有人吃兽类，名叫季厘。帝俊生季厘，所以叫季厘国。有缗渊。少昊生倍伐，倍伐住在缗渊。有四方形水塘的，名叫俊坛。

荒南-13有载民之国①。帝舜生无淫，降载处，是谓巫载民。巫载民肦②姓，食谷。不绩不经，服也③；不稼不穑，食也④。爰有歌舞之鸟，鸾鸟自歌，凤鸟自舞。爰有百兽，相群爰处。百谷所聚。

【注释】①载民之国，郭璞曰："为人黄色。"另见外南-11。 ②肦，音fén。 ③"不绩"两句，郭璞曰："言自然有布帛也。" ④"不稼"两句，郭璞曰："言五谷自生也。种之为稼，收之为穑。"

【译文】有载民国。帝舜生无淫，住在载，成为巫载民。巫载民姓肦，吃谷类，不纺不织却有衣服穿，不种不收却有粮食吃。这里有能歌舞的鸟，鸾鸟自自在在地歌唱，凤鸟自在地起舞。这里有各种兽类，成群而居。各种谷物在这里汇聚。

荒南-14大荒之中，有山名曰融天，海水南入焉。

【译文】大荒之中，有山名叫融天，海水从南面流入。

荒南-15有人曰凿齿，羿杀之①。

【注释】①杀之，郭璞曰："射杀之也。"另见外南-17。

【译文】有人叫凿齿，羿杀了他。

荒南-16有蜮山者，有蜮民之国①，桑姓，食黍，射蜮是食。有人方扞②弓射黄蛇，名曰蜮人。

蜮人

【注释】①蜮民之国，郭璞曰："蜮，短狐也。似鳖，含沙射人，中之则病死。此山出之，亦以名云。"②扞（yū），挽、张。

【译文】有蜮山，山上有蜮民国，姓桑，吃黍，也吃射蜮。有人正挽弓射黄蛇，名叫蜮人。

荒南-17有宋山者，有赤蛇，名曰育蛇。有木生山上，名曰枫木。枫木，蚩尤所弃其桎梏①，是谓枫木②。有人方齿虎尾，名曰祖状之尸。

【注释】①"枫木"两句，郭璞曰："蚩尤为黄帝所得，械而杀之，已摘弃其械，化而为树也。"②枫木，郭璞曰："即今枫香树。"

【译文】有宋山，山上有红色的蛇，名叫育蛇。山上长有一种树木，名叫枫木。枫木是蚩尤所遗弃的刑具，这就是枫木。有人长着方的牙齿，虎的尾巴，名

育蛇

祖状之尸

焦侥国

【译文】有一种小人，名叫焦侥国，姓幾，吃嘉谷。

荒南-19大荒之中，有山名歹①涂之山，青水②穷焉。有云雨之山，有木名曰栾。禹攻云雨③，有赤石焉生栾④，黄本，赤枝，青叶，群帝焉取药⑤。

【注释】①歹，音xiǔ。 ②青水，郭璞曰："青水出昆仑。" ③攻，郭璞曰："攻谓槎伐其林木。"槎，砍、斫。 ④"有赤"句，郭璞曰："言山有精灵，复变生此木于赤石之上。" ⑤"黄本"四句，郭璞曰："言树花实皆为神药。"

【译文】大荒之中，有山名叫歹涂山，青水在这里终结。有云雨山，那里有树木名叫栾。禹砍伐云雨山上的树木，有红色石头上生长着栾，黄色的根，红色的枝，青色的叶，天帝在这里取药。

荒南-20有国曰颛顼，生伯服，食黍。有鼬姓之国。有苕山。又有宗山。又有姓山。又有壑山。又有陈州山。又有东州山。又有白水山，白水出焉，而生白渊，昆吾①之师所浴也。

【注释】①昆吾，郭璞曰："昆吾，古王者号。《音义》曰：'昆吾，山名，溪水内出善金。'二文有异，莫知所辨测。"

【译文】有国名叫颛顼，生伯服，吃黍。有鼬姓国。有苕山。又有宗山。又有姓山。又有壑山。又有陈州山。又有东州山。又有白水山，白水在这里发源，生成白渊，是昆吾之师洗澡的地方。

荒南-21 有人名曰张弘，在海上捕鱼。海中有张弘之国，食鱼，使四鸟。

【译文】有人叫张弘，在海上捕鱼。海中有张弘国，那里的人吃鱼，驱使四种兽。

荒南-22 有人焉，鸟喙，有翼，方捕鱼于海。

【译文】有人长着鸟嘴，有翅膀，正在海上捕鱼。

荒南-23 大荒之中，有人名曰驩头。鲧妻士敬，士敬子曰炎融，生驩头。驩头人面鸟喙，有翼，食海中鱼，杖翼而行①。维宜苣、苣、穋、杨是食②。有驩头之国。

【注释】①杖翼而行，郭璞曰："翅不可以飞，倚杖之用行而已。" ②"维宜"句，郭璞曰："管子说地所宜云，其种穋、杞、黑黍，皆禾类也。苣，黑黍。今字作禾旁。"

【译文】大荒之中，有人名叫驩头。鲧的妻子士敬，士敬的儿子叫炎融，生了驩头。驩头长着人的面孔、鸟的嘴，有翅膀，吃海里的鱼，拿翅膀当拐杖行走。又吃苣、苣、穋、杨。有驩头国。

荒南-24帝尧、帝喾、帝舜葬于岳山。爰有文贝①、离俞、鸱久②、鹰、延维③、视肉④、熊、罴、虎、豹；朱木，赤枝，青华，玄实。有申山者。

【注释】①文贝，参见西3-16注②。 ②鸱久，参见外南-21注⑦、⑤。 ③延维，见内-17。 ④视肉，同②。

【译文】帝尧、帝喾、帝舜葬在岳山。这里有文贝、离俞、鸱久、鹰、延维、视肉、熊、罴、虎、豹；朱木，红色的枝，青色的花，黑色的果实。有申山。

荒南-25大荒之中，有山名曰天台高山，海水入焉。

【译文】大荒之中，有山名叫天台高山，有海水流入。

荒南-26东南海之外，甘水之间，有羲和之国。有女子名曰羲和，方日浴于甘渊①。羲和者，帝俊之妻，生十日②。

【注释】①"有女"两句，郭璞曰："羲和盖天地始生，主日月者也。故《启筮》曰：'空桑之苍苍，八极之既张，乃有夫羲和，是主日月，职出入，以为晦明。'又曰：'瞻彼上天，一明一晦，有夫羲和之子，出于旸谷。'故尧因此而立羲和之官，以主四时，其后世遂为此国。作日月之象而掌之，沐浴运转之于甘水中，以效其出入旸谷虞渊也，所谓世不失职耳。" ②生十日，郭璞曰：

羲和浴日

"言生十子各以日名名之,故言生十日,数十也。"

【译文】东南海之外、甘水之间有羲和国。有个女子名叫羲和,正在甘 渊给太阳洗澡。羲和是帝俊的妻子,生了十个太阳。

荒南-27有盖犹之山者,其上有甘租,枝干皆赤,黄叶,白华,黑实。东又有甘华,枝干皆赤,黄叶。有青马。有赤马,名曰三骓。有视肉①。

【注释】①视肉,参见外南-21注⑤。

【译文】有盖犹山,山上有甘租,枝干都是红色的,黄叶,白花,黑色的果实。东面有甘华,枝干都是红色的,叶子黄色。有青马。有红马,名叫三骓。有视肉。

荒南-28有小人名曰菌人。

【译文】有小人名叫菌人。

菌人

荒南-29有南类之山,爰有遗玉、青马、三骓、视肉①、甘华,百谷所在。

【注释】①视肉,参见外南-21注⑤。

【译文】有南类山,这里有遗玉、青马、三骓、视肉、甘华,是百谷生长的地方。

卷十六 大荒西经

大荒西经

荒西-1西北海之外，大荒之隅，有山而不合，名曰不周负子①，有两黄兽守之。有水曰寒暑之水。水西有湿山，水东有幕山。有禹攻共工国山②。

【注释】①不周负子，郭璞曰："《淮南子》曰：'昔者共工与颛顼争帝，怒而触不周之山，天维绝，地柱折。'故今此山缺坏不周帀也。" ②"有禹"句，郭璞曰："言攻其国，杀其臣相柳于此山。《启筮》曰：'共工人面，蛇身，朱发'也。"

【译文】西北海之外，大荒的角落里，有不合的山，名叫不周负子，有两只黄兽看守着。有水叫寒暑水。水的西面有湿山，水的东面有幕山。有禹攻共工国山。

荒西-2有国名曰淑士，颛顼之子①。

【注释】①"有国"两句，郭璞曰："言亦出自高阳氏也。"

【译文】有国名叫淑士，是颛顼的后代。

荒西-3有神十人，名曰女娲之肠①，化为神，处栗广之野，横道而处②。

【注释】①女娲之肠，郭璞曰："或作'女娲之腹'。女娲，古神女而帝者,人面蛇身,一日中七十变,其腹化为此神。栗广,野名。" ②横道而处,郭璞曰:"言断道也。"

【译文】有十个神,名叫女娲之肠,化作神,在栗广野,横在道路上。

女娲之肠

荒西-4 有人名曰石夷,来风曰韦,处西北隅以司日月之长短①。有五采之鸟,有冠,名曰狂鸟②。

【注释】①"处西"句,郭璞曰:"言察日月晷度之节。" ②狂鸟,郭璞曰:"《尔雅》云:'狂,梦鸟。'即此也。"

【译文】有人名叫石夷,来风叫韦,在西北角掌管日月光影的长短。有五采鸟,头上有冠,名叫狂鸟。

荒西-5 有大泽之长山。有白氏之国。

【译文】有大泽的长山。有白氏国。

狂鸟

荒西-6 西北海之外,赤水之东,有长胫之国①。

【注释】①长胫之国,郭璞曰:"脚长三丈。"

【译文】西北海之外,赤水的东面,有长胫国。

荒西-7有西周之国，姬姓，食谷。有人方耕，名曰叔均。帝俊生后稷①，稷降以百谷。稷之弟曰台玺，生叔均。叔均是代其父及稷播百谷，始作耕。有赤国妻氏。有双山。

【注释】①帝俊生后稷，郭璞曰："俊宜为喾，喾第二妃生后稷也。"

【译文】有西周国，姓姬，吃谷类。有人正在耕作，名叫叔均。帝俊生后稷，稷从天上带下百谷。稷的弟弟叫台玺，生叔均。叔均替代他的父亲和稷播种百谷，开始从事耕种。有赤国妻氏。有双山。

荒西-8西海之外，大荒之中，有方山者，上有青树，名曰柜格之松，日月所出入也。

【译文】西海之外，大荒之中，有方山，山上有青树，名叫柜格松，是日月出入的地方。

太子长琴

荒西-9西北海之外，赤水之西，有先民之国，食谷，使四鸟。有北狄之国。黄帝之孙曰始均，始均生北狄。有芒山。有桂山。有榣①山。其上有人，号曰太子长琴。颛顼生老童②，老童生祝融③，祝融生太子长琴，是处榣山，始作乐风④。有五采鸟三名：一曰皇鸟，一曰鸾鸟，一曰凤鸟。有虫状如菟，胸以后者裸不见⑤，青如猨状⑥。

【注释】①榣，音yáo。 ②颛顼生老童，郭璞曰："《世本》云：'颛顼娶于滕隍氏，谓之女禄，产老童也。'" ③祝融，郭璞曰："即重黎也，高辛氏火正，号曰祝融也。" ④乐风，歌曲。⑤"胸以"句，郭璞曰："言皮色青，故不见其裸露处。" ⑥青如猨状，郭璞曰："状又似猿。"

【译文】西北海之外，赤水的西面，有先民国，吃谷类，驱使四种兽。有北狄国。黄帝的孙子叫始均，始均生北狄。有芒山。有桂山。有榣山。山上有人，号太子长琴。颛顼生老童，老童生祝融，祝融生太子长琴，住在榣山，他发明了乐风。有五采鸟，鸟有三个名字：一叫皇鸟，一叫鸾鸟，一叫凤鸟。有虫形状像兔子，胸以后的裸露部分看不见，青色，像猿。

荒西-10 大荒之中，有山名曰丰沮玉门，日月所入。有灵山，巫咸、巫即、巫盼、巫彭、巫姑、巫真、巫礼、巫抵、巫谢、巫罗十巫，从此升降，百药爰在①。

【注释】①"从此"两句，郭璞曰："群巫上下此山采之也。"

【译文】大荒之中有山名叫丰沮玉门，是日月落下的地方。有灵山，巫咸、巫即、巫盼、巫彭、巫姑、巫真、巫礼、巫抵、巫谢、巫罗这十巫在这里上下，各种药都在这里。

十巫

荒西-11西有王母之山、鏊山、海山①。有沃之国②，沃民是处。沃之野，凤鸟之卵是食，甘露是饮。凡其所欲，其味尽存。爰有甘华、甘柤③、白柳、视肉④、三骓、璇瑰⑤、瑶碧⑥、白木⑦、琅玕⑧、白丹、青丹⑨，多银、铁。鸾凤自歌，凤鸟自舞，爰有百兽，相群是处，是谓沃之野。有三青鸟，赤首黑目，一名曰大鵹，一名少鵹，一名曰青鸟⑩。有轩辕之台，射者不敢西向射，畏轩辕之台。

【注释】①"西有"句，郭璞曰："皆群大灵之山。"　②沃之国，郭璞曰："言其土饶沃也。"另见外西-16，沃作"天"。③甘华、甘柤，见荒南-27。　④视肉，参见外南-21注⑤。　⑤璇瑰，璇又通作"琁"、"瓊"、"璚"，郭璞曰："璇瑰亦玉名。"《石雅·琳琅》："《穆天子传》称枝斯璇瑰出于采石之山，《山海经·大荒西经》称璇瑰、碧瑶出于王母之山，《大荒北经》谓皆出卫于山，亦犹西北地也。璚瑰即瓊瑰，是瓊瑰与玛瑙产地正同，而瓊瑰犹当与西胡玛瑙珠为近。"　⑥瑶碧，参见西3-15注②。⑦白木，郭璞曰："树色正白。今南方有文木，亦黑木也。"　⑧琅玕，参见西3-7注⑤。　⑨青丹，郭璞曰："又有黑丹也。《孝经援神契》云：'王者德至山陵而黑丹出。'然则丹者别是彩名，亦犹黑白黄皆云丹也。"　⑩"有三"五句，郭璞曰："皆西王母所使也。"

【译文】西方有王母山、鏊山、海山。有沃国，沃民生活在这里。沃野，凤鸟的蛋可以吃，甘露可以喝。凡是好吃的东西，这里应有尽有。这里有甘华、甘柤、白柳、视肉、三骓、璇瑰、瑶碧、白木、琅玕、白丹、青丹，多产银、铁。鸾凤自在地歌唱，凤鸟自在地起舞，这里百兽群居，和睦相处，称为沃野。有三只青鸟，红头黑眼，一只名叫大鵹，一只名叫少鵹，一只名叫青鸟。有轩辕台,射箭的人不敢向西射,因为畏惧轩辕台。

荒西-12大荒之中,有龙山,日月所入。有三泽水,名曰三淖,昆吾之所食也。有人衣青,以袂①蔽面,名曰女丑之尸②。

【注释】①袂,袖子。 ②女丑之尸,另见外西-10。

【译文】大荒之中,有龙山,是日月落下的地方。有三泽水,名叫三淖,是昆吾觅食的地方。有人穿青色的衣服,用袖子遮着脸,名叫女丑之尸。

荒西-13有女子之国①。

【注释】①郭璞曰:"王颀至沃沮国,尽东界,问其耆老,云:'国人尝乘船捕鱼遭风,见吹数十日,东一国,在大海中,纯女无男。'即此国也。"另见外西-13。

【译文】有女子国。

荒西-14有桃山。有宝①山。有桂山。有于土山。

【注释】①宝(méng),同虻。

【译文】有桃山。有宝山。有桂山。有于土山。

荒西-15有丈夫之国①。

【注释】①丈夫之国,郭璞曰:"其国无妇人也。"另见外西-9。

【译文】有丈夫国。

荒西-16有弇州之山,五采之鸟仰天①,名曰鸣鸟。爰

鸣鸟

有百乐歌儛之风②。

【注释】①仰天，郭璞曰："张口嘘天。" ②"爰有"句，郭璞曰："爰有百种伎乐歌儛风曲。"

【译文】有弇州山，五采鸟抬头张口仰天鸣叫，名叫鸣鸟。这里有各种歌舞乐曲的流行。

荒西–17有轩辕之国①。江山之南栖为吉②。不寿者乃八百岁。

【注释】①轩辕之国，郭璞曰："其人人面蛇身。"另见外西–14。 ②"江山"句，郭璞曰："即穷山之际也。山居为栖。吉者，言无凶夭。"

【译文】有轩辕国。住在江山之南十分吉利。不长寿的有八百岁。

荒西–18西海陼中，有神人面鸟身，珥两青蛇，践两赤蛇，名曰弇①兹。

【注释】①弇，音yān。

弇兹

【译文】西海陼中，有一种神，长着人的面孔、鸟的身体，耳戴两条青蛇，脚踩两条赤蛇，名叫弇兹。

荒西–19大荒之中，有山名曰日月山，天枢也。吴姖天门，日月所入。有神,人面无臂,两足反属于头山①,名曰嘘。颛顼生老童,老童生重及黎②,帝令重献上天,令黎邛下地③,下地是生噎④,处于西极,以行日月星辰之行次⑤。

嘘

【注释】①头山,郝懿行曰:"'山'当为'上'字之讹。" ②"老童"句,郭璞曰:"《世本》云:'老童娶于根水氏,谓之骄福,产重及黎。'" ③"帝令"两句,郭璞曰:"古者人神杂扰无别,颛顼乃命南正重司天以属神,命火正黎司地以属民。重实上天,黎实下地。献、邛,义未详也。"俞樾《读山海经》:"邛当作'卪',隶变作'卬',遂与卬我之卬无别,俗文加手作'抑'。"而俞释"抑"为治理,又以"献"为"仪"的通假,释为取法、效法,词语得解,但句义勉强。袁珂取"邛"为"抑"之说,又释"献"为举,遂使文义正与韦昭注《国语》'言重能举上天,黎能抑下地'相吻合,相对可取。 ④下地是生噎,郝懿行曰:"此语难晓。《海内经》云:'后土生噎鸣。'此经与相涉,而文有阙脱,遂不复可读。" ⑤"处于"句,郭璞曰:"主察日月星辰之度数次舍也。"

噎

【译文】大荒之中,有山名叫日月山,是天界的枢纽。吴姬天门，是日月进入的地方。有一个神，长着人的面孔，没有手臂，两脚反生在头上，名叫嘘。颛顼生老童，老童生重和黎，天帝令重上举天，令黎下压地，黎下压地后生了噎，住在西极，管理日月星辰的运行。

^{荒西-20}有人反臂，名曰天虞。

【译文】有人手臂反生，名叫天虞。

^{荒西-21}有女子方浴月。帝俊妻常羲，生月十有二，此始浴之。有玄丹之山^①。有五色之鸟，人面有发。爰有青鸢^②、黄鷔^③、青鸟、黄鸟，其所集者其国亡。

【注释】①玄丹之山，郭璞曰："出黑丹也。" ②鸢，音wén。 ③鷔，音áo。

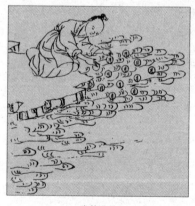

常羲浴月

【译文】有女子正给月亮洗澡。帝俊的妻子常羲，生了十二个月亮，在这里开始给它们洗澡。有玄丹山。有五色鸟，长着人的面孔，有头发。这里有青鸢、黄鷔、青鸟、黄鸟，它们聚集的地方该国会灭亡。

^{荒西-22}有池名孟翼^①之攻颛顼之池。

【注释】①孟翼，郭璞曰："人姓名。"

【译文】有池名叫孟翼之攻颛顼池。

荒西-23 大荒之中有山，名曰鏖①螯钜，日月所入者。有兽，左右有首，名曰屏蓬②。有巫山者。有壑山者。有金门之山，有人名曰黄姖之尸。有比翼之鸟。有白鸟青翼，黄尾，玄喙。有赤犬，名曰天犬，其所下者有兵③。

【注释】①螯，音áo。 ②屏蓬，郭璞曰："即并封也，语有轻重耳。" ③"有赤"三句，郭璞曰："《周书》云：'天狗所止地尽倾，馀光烛天为流星，长数十丈，其疾如风，其声如雷，其光如电。'吴楚七国反时吠过梁国者是也。"

屏蓬

【译文】大荒之中有山，名叫鏖螯钜，是日月落下的地方。有一种兽，左右有头，名叫屏蓬。有巫山。有壑山。有金门山，有人名叫黄姖之尸。有比翼鸟。有白鸟，青色的翅膀，黄色的尾巴，黑色的嘴。有红狗，名叫天犬，它下来的地方会有战争。

荒西-24 西海之南，流沙之滨，赤水之后，黑水之前，有大山，名曰昆仑之丘。有神人面虎身，有文有尾，皆白。处之。其下有弱水之渊环之①，其外有炎火之山，投物辄然②。有人，戴胜，虎齿，有豹尾，穴处，名曰西王母。此山万物尽有③。

【注释】①弱水，郭璞曰："其水不胜鸿毛。" ②"其处"两句，郭璞曰："今去扶南东万里，有耆薄国；东复五千里许，有火山国，其山虽霖雨，火常然。火中有白鼠，时出山边求食，人捕得

人面虎身神

之，以毛作布，今之火澣布是也。即此山之类。" ③ "此山"句，郭璞曰："《河图玉版》亦曰：'西王母居昆仑之山。'《西山经》曰：'西王母居玉山。'《穆天子传》曰'乃纪名迹于弇山之石，曰西王母之山'也。然则西王母虽以昆仑之宫，亦自有离宫别窟，游息之处不专住一山也。故记事者各举所见而言之。"

【译文】西海的南面，流沙的边上，赤水的后面，黑水的前面有大山，名叫昆仑丘。有一个神，长着人的面孔，虎的身体，有纹理，有尾巴，都是白色的。在这里。下面有弱水渊环绕，外面有炎火山，把东西扔进去就会燃烧。有人，戴着玉首饰，长着虎的牙齿，豹的尾巴，住在洞穴里，名叫西王母。这座山什么都有。

荒西-25 大荒之中，有山名曰常阳之山，日月所入。

【译文】大荒之中，有山名叫常阳山，是日月落下的地方。

荒西-26 有寒荒之国。有二人女祭、女薎①。

【注释】①薎，音miè。

【译文】有寒荒国。有二个人：女祭、女薎。

荒西-27 有寿麻之国。南岳娶州山女，名曰女虔。女虔生季格，季格生寿麻。寿麻正立无景，疾呼无响①。爰有大暑，不可以往。

【注释】①"寿麻"两句，郭璞曰："言其禀形气有异于人也。《列仙传》曰：'玄俗无景。'"

【译文】有寿麻国。南岳娶州山女子，名叫女虔。女虔生季格，季格生寿麻。寿麻站在太阳底下没影子，极力呼喊没声音。这里非常热，不可以去。

寿麻

荒西-28 有人无首，操戈盾立，名曰夏耕之尸①。故成汤伐夏桀于章山②，克之，斩耕厥前。耕既立，无首，走厥咎，乃降于巫山③。

【注释】①"有人"三句，郭璞曰："亦形天尸之类。"②于章，郭璞曰："山名。"③乃降于巫山，郭璞曰："自窜于巫山。巫山今在建平巫县。"

【译文】有人没头，拿着戈和盾站着，名叫夏耕尸。当年成汤在于章山讨伐夏桀，获得了胜利，杀死了耕。耕又站了起来，却没了头，畏罪潜逃，就来到了巫山。

荒西-29 有人名曰吴回，奇左，是无右臂①。

【注释】①"有人"三句，郭璞曰："即奇肱也。吴回，祝融弟，亦为

夏耕尸

火正也。"

【译文】有人名叫吴回,只有左臂,没有右臂。

荒西-30有盖山之国。有树,赤皮支干,青叶,名曰朱木。

【译文】有盖山国。有一种树,皮和枝干都是红色,叶子青色,名叫朱木。

荒西-31有一臂民。

【译文】有只有一条手臂的人。

荒西-32大荒之中,有山名曰大荒之山,日月所入。有人焉三面,是颛顼之子,三面一臂①,三面之人不死②,是谓大荒之野。

【注释】①一臂,郭璞曰:"无左臂也。" ②"三面"句,郭璞曰:"言人头三边各有面也。玄菟太守王颀至沃沮国,问其耆老,云'复有一破船随波出在海岸边,上有一人,顶中复有面,与语不解,了不食而死'。此是两面人也。《吕氏春秋》曰'一臂三面之乡'也。"

三面人

【译文】大荒之中有山名叫大荒山,是日月落下的地方。有人有三张面孔,是颛顼的后代,长着三张面孔、一条手臂,三面人不死,这里称为大荒野。

荒西-33西南海之外，赤水之南，流沙之西，有人珥两青蛇，乘两龙，名曰夏后开。开上三嫔于天①，得《九辩》与《九歌》以下②。此天穆之野③，高二千仞，开焉得始歌《九招》④。

【注释】①"开上"句，郭璞曰："嫔，妇也，言献美女于天帝。" ②"得九"句，郭璞曰："皆天帝乐名也，开登天而窃以下用之也。《开筮》曰：'昔彼《九冥》，是与帝《辩》同宫之序，是谓《九歌》。'又曰：'不得窃《辩》与《九歌》以国于下。'义具见于《归藏》。" ③天穆之野，郭璞曰："《竹书》曰，颛顼产伯鲧，是维若阳，居天穆之阳也。" ④"开焉"句，郭璞曰："《竹书》曰，夏后开舞《九招》也。"按，夏后开即启，避汉景帝讳云。

【译文】西南海外，赤水的南面，流沙的西面，有人耳戴两条青蛇，驾驭两条龙，名叫夏后开。开进献三个美女给天帝，得到《九辩》与《九歌》后下到这里。这里是天穆野，高二千仞，开在这里开始奏唱《九招》。

夏后开

荒西-34有互人之国①。炎帝②之孙名曰灵恝，灵恝生互人，是能上下于天③。有鱼偏枯，名曰鱼妇。颛顼死即复苏④，风道北来，天乃大水泉⑤，蛇乃化为鱼，是为鱼妇。颛顼死即复苏⑥。

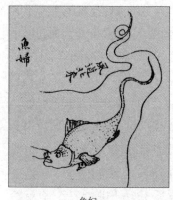

鱼妇

【注释】①互人之国，郭璞曰："人面鱼身。" ②炎帝，郭璞曰："神农。" ③"是能"句，郭璞曰："言能乘云雨也。" ④"颛顼"句，郭璞曰："言其人能变化也。" ⑤"风道"两句，郭璞曰："言泉水得风暴溢出。道，犹从也。韩非曰：'玄鹤二八，道南方而来。'" ⑥"蛇乃"三句，郭璞曰："《淮南子》曰：'后稷龙在建木西，其人死复苏，其中为鱼。'盖谓此也。"

【译文】有互人国。炎帝的孙子名叫灵恝，灵恝生互人，能乘云雨上天下地。有半人半鱼，名叫鱼妇。颛顼死后立刻复苏，风从北面吹来，天上涌出泉水，蛇于是化成鱼，这就是鱼妇。颛顼死后立刻复苏。

荒西-35有青鸟，身黄，赤足，六首，名曰鸀①鸟。有大巫山。有金之山。西南大荒之中隅，有偏句、常羊之山。

①鸀，音chù。

【译文】有青鸟，身体黄色，脚红色，有六个头，名叫鸀鸟。有大巫山。有金山。西南面大荒的中部，有偏句、常羊山。

卷十七 大荒北经

大荒北经

^{荒北-1}东北海之外，大荒之中，河水之间，附禺之山，帝颛顼与九嫔葬焉。爰有鸱久、文贝①、离俞、鸾鸟、皇鸟、大物、小物。有青鸟、琅鸟、玄鸟、黄鸟、虎、豹、熊、罴、黄蛇、视肉②、璿瑰③、瑶碧④，皆出卫于山⑤。丘方员三百里，丘南帝俊竹林在焉，大可为舟⑥。竹南有赤泽水，名曰封渊。有三桑无枝⑦。丘西有沈渊，颛顼所浴。

【注释】①文贝，参见西3-16注②。　②鸱久、视肉，参见外南-21注⑦、⑤。　③璿瑰，参见荒西-11注⑤。　④瑶碧，参见西3-15注②。　⑤郝懿行曰："古本'卫丘'连文，而以'皆出于山'四字相属，今本误倒其句耳。"意谓下文当作"卫丘山南帝俊竹林"，此句不当有"卫"字。　⑥大可为舟，郭璞曰："言舜林中竹一节则可以为船也。"　⑦三桑无枝，见北外-16。

【译文】东北海之外，大荒之中，河水之间，有附禺山，帝颛顼和九嫔葬在这里。这里有鸱久、文贝、离俞、鸾鸟、皇鸟、大物、小物。有青鸟、琅鸟、玄鸟、黄鸟、虎、豹、熊、罴、黄蛇、视肉、璇瑰、瑶碧，都出在山上。卫丘方圆三百里，丘南帝俊的竹林在这里，竹子很大，可以造船。竹林的南面有红色的泽水，名叫封渊。有三桑无枝。丘的西面有沈渊，是颛顼洗澡的地方。

荒北-2有胡不与之国①，烈姓，黍食。

【注释】①胡不与之国，郭璞曰："一国复名耳，今胡夷语皆通然。"

【译文】有胡不与国，姓烈，吃黍。

荒北-3大荒之中，有山，名曰不咸。有肃慎氏之国①。有蜚蛭，四翼。有虫，兽首蛇身，名曰琴虫②。

【注释】①肃慎氏之国，郭璞曰："今肃慎国去辽东三千馀里，穴居，无衣，衣猪皮，冬以膏涂体，厚数分，用却风寒。其人皆工射，弓长四尺，劲强。箭以楛为之，长尺五寸，青石为镝，此春秋时隼集陈侯之庭所得矢也。晋太兴三年平州刺史崔毖遣别驾高会，使来献肃慎氏之弓矢，箭镞有似铜骨作者。问云，转与海内国通得用此，今名之为挹娄国，出好貂、赤玉。岂从海外转而至此乎？

琴虫

《后汉书》所谓挹娄者是也。" ②琴虫，郭璞曰："亦蛇类也。"

【译文】大荒中有山，名叫不咸。有肃慎氏国。有蜚蛭，长着四个翅膀。有虫，长着兽的头，蛇的身体，名叫琴虫。

荒北-4有人名曰大人。有大人之国，厘姓，黍食。有大青蛇,黄头,食麈①。有榆山。有鲧攻程州之山②。

【注释】①食麈,郭璞曰:"今南方蚺蛇食鹿,鹿亦麈属也。"麈,参见中8-6注⑥。 ②鲧攻城州之山,郭璞曰:"皆因其事而名物也。"

【译文】有人名叫大人。有大人国,姓厘,吃黍。有大青蛇,黄色的头,吃麈。有榆山。有鲧攻程州山。

荒北-5大荒之中,有山名曰衡天。有先民之山。有槃①木千里。

【注释】①槃,音pán。

【译文】大荒之中,有山名叫衡天。有先民山。有槃木千里。

荒北-6有叔歜①国。颛顼之子,黍食,使四鸟:虎、豹、熊、罴。有黑虫如熊状,名曰猎猎。

【注释】①歜,音chù。

【译文】有叔歜国。颛顼的后代,吃黍,驱使四种兽:虎、豹、熊、罴。有黑虫像熊,名叫猎猎。

荒北-7有北齐之国,姜姓,使虎、豹、熊、罴。

【译文】有北齐国,姓姜,驱使虎、豹、熊、罴。

猎猎

荒北-8大荒之中,有山名曰先槛大逢之山,河济所入，海北注焉①。其西有山，名曰禹所积石。有阳山者。有顺山者，顺水出焉。

【注释】①"河济"两句，郭璞曰："河济注海，已复出海外，入此山中也。"

【译文】大荒之中，有山名叫先槛大逢山，河、济流入的地方，大海向北注入这里。它的西面有山，名叫禹所积石。有阳山。有顺山，顺水在这里发源。

荒北-9有始州之国，有丹山①。

【注释】①丹山，郭璞曰："此山纯出丹朱也。《竹书》曰：'和甲西征，得一丹山。'今所在亦有丹山，丹出土穴中。"

【译文】有始州国，有丹山。

荒北-10有大泽方千里，群鸟所解①。

【注释】①"有大"两句，郭璞曰："《穆天子传》曰：'北至广原之野，飞鸟所解其羽，乃于此猎鸟兽，绝群，载羽百车。'《竹书》亦曰：'穆王北征，行流沙千里，积羽千里。'皆谓此泽也。"

【译文】有大泽方圆千里，群鸟在这里脱换羽毛。

荒北-11有毛民之国①，依姓，食黍，使四鸟。禹生均国，均国生役采，役采生修鞈②，修鞈杀绰人③。帝念之，潜为之国，是此毛民。

【注释】①毛民之国，郭璞曰："其人面体皆生毛。"②鞈，音gé。 ③绰人，郭璞曰："人名。"

【译文】有毛民国，姓依，吃黍，驱使四种兽。禹生均国，均国生役采，役采生修鞈，修鞈杀绰人。天帝思念他，暗

中给他建了一国，
就是这个毛民。

禺强

荒北-12有儋
耳之国①，任姓，
禺号子，食谷北海
之渚中②。有神，
人面鸟身，珥两青
蛇，践两赤蛇，名
曰禺强。

【注释】①儋（dān）耳之国，郭璞曰："其人耳大下儋，垂
在肩上，朱崖儋耳，镂画其耳，亦以放之也。" ②"食谷"句，郭璞
曰："言在海岛中种粟给食，谓禺强也。"

【译文】有儋耳国，姓任，禺号的后代，在北海渚中以
谷类为食。有神，长着人的面孔、鸟的身体，耳戴两条青蛇，
脚踩两条赤蛇，名叫禺强。

荒北-13大荒之中，有山名
曰北极天櫃①，海水北注焉。
有神，九首人面鸟身，名曰九
凤。又有神衔蛇操蛇，其状
虎首人身，四蹄长肘，名曰强
良。

【注释】①櫃（kuì），别本或
作樻。

【译文】大荒之中，有山名

强良

叫北极天櫃,海水从北面注入。有神,九个头,长着人的面孔和鸟的身体,名叫九凤。又有神嘴里叨着蛇,手中拿着蛇,长着虎头和人身,有四个蹄子,肘部很长,名叫强良。

荒北-14大荒之中,有山名曰成都载天。有人珥两黄蛇,把两黄蛇,名曰夸父。后土生信,信生夸父。夸父不量力,欲追日景,逮之于禺谷①。将饮河而不足也,将走大泽,未至,死于此。应龙已杀蚩尤,又杀夸父②,乃去南方处之,故南方多雨③。

【注释】①禺谷,郭璞曰:"禺渊,日所入也,今作'虞'。"②又杀夸父,郭璞曰:"上云夸父不量力,与日竞而死,今此复云为应龙所杀,死无定名,触事而寄,明其变化无方,不可揆测。"③"乃去"两句,郭璞曰:"言龙水物,以类相感故也。"

【译文】大荒之中,有山名叫成都载天。有人耳戴两条黄蛇,手拿两条黄蛇,名叫夸父。后土生信,信生夸父。夸父不自量力,想追太阳,追到禺谷。想喝河水却不够,又想到大泽去,没有走到,死在了这里。应龙已经杀了蚩尤,又杀了夸父,就去南方呆着,所以南方多雨。

荒北-15又有无肠之国,是任姓,无继子①,食鱼。
【注释】①无继子,郭璞曰:"继亦当作胬,谓膊肠也。"
【译文】又有无肠之国,任姓,无继的后代,吃鱼。

荒北-16共工之臣名曰相繇①,九首蛇身,自环,食于九土。其所歍所尼②,即为源泽,不辛乃苦,百兽莫能处。禹湮洪水,杀相繇③,其血腥臭,不可生谷,其地多水,不可居也④。禹湮之,三仞三沮⑤,乃以为池,群帝因是以为台⑥。在昆仑之北⑦。

【注释】①相繇,郭璞曰:"相柳也,语声转耳。" ②欼(wū),呕,即呕吐;尼,停、止。 ③"禹湮"两句,郭璞曰:"禹塞洪水,由以溺杀之也。" ④"其血"四句,郭璞曰:"言其膏血滂流,成渊水也。" ⑤"禹湮"两句,郭璞曰:"言禹以土塞之,地陷坏也。" ⑥"群帝"句,郭璞曰:"地下宜积土,故众帝因来在此共作台。" ⑦本节事另见外北-5。

【译文】共工的臣子名叫相繇,有九个头和蛇的身体,自相盘旋,在九土觅食。它的呕吐物化作为源泽,不是辣的就是苦的,百兽都无法在那里生活。禹治洪水,杀了相繇,它的血腥臭,污染的土地不能种庄稼,那地方有许多水,不能居住。禹用土填,多次都没有成功,于是改成了池塘,天帝们就在池边建了台。在昆仑的北面。

荒北-17 有岳之山,寻①竹生焉。

【注释】①寻,郭璞曰:"大竹名。"

【译文】有岳山,寻竹在这里生长。

荒北-18 大荒之中,有山名曰不句,海水入焉。

【译文】大荒之中,有山名叫不句,海水在这里流入。

荒北-19 有系昆之山者,有共工之台,射者不敢北乡。有人衣青衣,名曰黄帝女魃①。蚩尤作兵伐黄帝,黄帝乃令应龙攻之冀州之野②。应龙畜水,蚩尤请风伯雨师,纵大风雨。黄帝乃下天女曰魃,雨止,遂杀蚩尤。魃不得复

黄帝女魃

上，所居不雨。叔均言之帝，后置之赤水之北。叔均乃为田祖③。魃时亡之。所欲逐之者，令曰："神北行！"④先除水道⑤，决通沟渎。

【注释】①魃，音bá。 ②"黄帝"句，郭璞曰："冀州、中土也；黄帝亦教虎、豹、熊、罴以与炎帝战于阪泉之野而灭之，见《史记》。" ③田祖，郭璞曰："主田之官。《诗》云：'田祖有神。'" ④神北行，郭璞曰："向水位也。" ⑤先除水道，郭璞曰："言逐之必得雨，故见先除水道，今之逐魃是也。"

【译文】有系昆山者，有共工台，射箭的人不敢向北射。有人穿青衣，名叫黄帝女魃。蚩尤兴兵讨伐黄帝，黄帝就命令应龙在冀州之野攻打蚩尤。应龙畜水，蚩尤请来风伯、雨师，制造了大风雨。黄帝请下天女魃，雨就停了，于是杀了蚩尤。魃则回不到天上，她所住的地方就不下雨。叔均向天帝汇报，后来把她安置在赤水的北面。叔均成为田祖。魃常常逃跑。要驱追她，就下令："神向北走！"所以必须先清理水道，疏通沟渠。

蚩尤

荒北-20有人方食鱼，名曰深目民之国，盼①姓，食鱼。

【注释】①盼（fēn），郭璞曰："亦胡类，但眼绝深，黄帝时姓也。"

【译文】有人正在吃鱼，名叫深目民国，姓盼，吃鱼。

荒北-21有锺山者。有女子衣青衣，名曰赤水女子献。

【译文】有锺山。有女子穿青衣，名叫赤水女子献。

赤水女子献

荒北-22大荒之中，有山名曰融父山，顺水入焉。有人名曰犬戎。黄帝生苗龙，苗龙生融吾，融吾生弄明，弄明生白犬，白犬有牝牡，是为犬戎，肉食。有赤兽，马状无首，名曰戎宣王尸①。

【注释】①"名曰"句，郭璞曰："犬戎之神名也。"

【译文】大荒之中，有山名叫融父山，顺水在这里流入。有人名叫犬戎。黄帝生苗龙，苗龙生融吾，融吾生弄明，弄明生白犬，白犬自己和自己交配，成为犬戎，吃肉。有红色的兽，形状像马，没头，名叫戎宣王尸。

荒北-23有山名曰齐州之山、君山、鬶①山、鲜野山、鱼山。

【注释】①鬶，音qín。

【译文】有山名叫齐州山、君山、鬶山、鲜野山、鱼山。

荒北-24有人一目，当面中生，一曰是威姓，少昊之子，食黍。

【译文】有人只一只眼，长在面部正中，一说是姓威，少昊的后代，吃黍。

荒北-25有继无民，继无民任姓，无骨子，食气、鱼。

【译文】有继无民，姓任，无骨的后代，吃空气和鱼。

荒北-26西北海外，流沙之东，有国曰中輪①，颛顼之子，食黍。

【注释】①輪，音biàn。

【译文】西北海外，流沙的东面，有国叫中輪，是颛顼的后代，吃黍。

荒北-27有国名曰赖丘。有犬戎国。有神，人面兽身，名曰犬戎。

【译文】有国名叫赖丘。有犬戎国。有神，长着人的面孔、兽的身体，名叫犬戎。

荒北-28西北海外，黑水之北，有人有翼，名曰苗民①。颛顼生驩头，驩头生苗民，苗民厘姓，食肉。有山名曰章山。

【注释】①郭璞曰："三苗之民。"

【译文】西北海外，黑水的北面，有人长有翅膀，名叫苗民。颛顼生驩头，驩头生苗民，苗民姓厘，吃肉。有山名叫章山。

苗民

荒北-29 大荒之中，有衡石山、九阴山、洞野之山，上有赤树，青叶，赤华，名曰若木①。

【注释】①若木，郭璞曰："生昆仑西附西极，其华光赤下照地。"

【译文】大荒之中，有衡石山、九阴山、洞野山，山上有红色的树，青色的叶子，红色的花，名叫若木。

荒北-30 有牛黎之国。有人无骨，儋耳之子。

【译文】有牛黎之国。有人没有骨头，是儋耳的后代。

荒北-31 西北海之外，赤水之北，有章尾山。有神，人面蛇身而赤①，直目正乘②，其瞑乃晦，其视乃明③，不食不寝不息，风雨是谒④。是烛九阴⑤，是谓烛龙⑥。

【注释】①"有神"两句，郭璞曰："身长千里。" ②直目正乘，郭璞曰："直目，目从也。正乘未闻。" ③"其瞑"两句，郭璞曰："言视为昼，眠为夜也。" ④风雨是谒，郭璞曰："言能请致风雨。" ⑤是烛九阴，郭璞曰："照九阴之幽阴也。" ⑥烛龙，郭璞曰："《离骚》曰：'日安不到？烛龙何耀？'《诗含神雾》

烛龙

曰：'天不足西北，无有阴阳消息，故有龙衔精以往照天门中'云。《淮南子》曰：'蔽于委羽之山，不见天日也。'"

【译文】西北海之外，赤水的北面，有章尾山。有神，长着人的面孔、蛇的身体，红色，竖目正乘，它闭眼就昏暗，睁眼便明亮，它不吃不睡不呼吸，能请来风雨。能照亮九阴，所以叫烛龙。

卷十八 海内经

海 内 经

内-1东海之内，北海之隅，有国名曰朝鲜①、天毒②，其人水居，偎③人爱之。

【注释】①朝鲜，郭璞曰："今乐浪郡也。"　②天毒，郭璞曰："天毒即天竺国，贵道德，有文书、金银、钱货，浮屠出此国中也。晋大兴四年，天竺胡王献珍宝。"　③偎，郭璞曰："偎亦爱也。"

【译文】东海之内，北海的角上，有国名叫朝鲜、天毒，这里的人住在水里，对人仁爱。

内-2西海之内，流沙之中，有国名曰壑市。
【译文】西海之内，流沙的中间，有国名叫壑市。

内-3西海之内，流沙之西，有国名曰氾叶。
【译文】西海之内，流沙的西面，有国名叫氾叶。

内-4流沙之西，有鸟山者，三水出焉。爰有黄金、璿瑰①、丹货、银、铁，皆流于此中。又有淮山，好水出焉。
【注释】①璿瑰，参见荒西-11注⑤。

【译文】流沙的西面,有鸟山,三水在这里发源。这里产黄金、璿瑰、丹货、银、铁,都在这个水流中。又有淮山,好水在这里发源。

内-5 流沙之东,黑水之西,有朝云之国、司彘之国。黄帝妻雷祖生昌意①,昌意降处若水②,生韩流。韩流擢首③、谨耳④、人面、豕喙、麟身、渠股⑤、豚止⑥,取淖子曰阿女,生帝颛顼⑦。

【注释】①“黄帝”句,郭璞曰:“《世本》云:‘黄帝娶于西陵氏之子,谓之累祖,产青阳及昌意。’” ②“昌意”句,郭璞曰:“《竹书》云:‘昌意降居若水,产帝乾荒。’乾荒即韩流也,生帝颛顼。” ③擢首,郭璞曰:“长咽。”即长颈。 ④谨耳,小耳。 ⑤渠股,郭璞曰:“渠,车辋,言跰脚也。”即罗圈腿。⑥止,足、脚。 ⑦“取淖”句,郭璞曰:“《世本》云:‘颛顼母浊山氏之子,名昌仆。’”

韩流

【译文】流沙的东面,黑水的西面,有朝云国、司彘国。黄帝的妻子雷祖生昌意,昌意下住若水,生韩流。韩流长着长脖子、小耳朵、人的面孔、猪的嘴、有鱼麟的身体、罗圈腿、猪的脚,娶淖子名叫阿女的,生帝颛顼。

内-6 流沙之东,黑水之间,有山名不死之山①。
【注释】①郭璞注:“即员丘也。”

【译文】流沙的东面，黑水之间，有山名叫不死山。

内-7华山青水之东，有山名曰肇山，有人名曰柏高①，柏高上下于此，至于天。

【注释】①柏高，郭璞曰："柏子高，仙者也。"

【译文】华山青水的东面，有山名叫肇山，有人名叫柏高，柏高在这里上下，到达天上。

柏高

内-8西南黑水之间，有都广之野，后稷葬焉①。爰有膏菽、膏稻、膏黍、膏稷②，百谷自生，冬夏播琴③。鸾鸟自歌，凤鸟自儛，灵寿④实华，草木所聚。爰有百兽，相群爰处。此草也，冬夏不死。

【注释】①"西南"三句，郭璞曰："其城方三百里，盖天下之中，素女所出也。《离骚》曰：'绝都广野而直指号。'"《山海经地理今释》卷六："都广之野方三百里，当为今西宁尼牙木错、固察、称多、拉布、阿永、拉尔吉、兴巴、安图、列玉、叶尔吉、苏尔莽、觉巴拉、绰火尔、隆东、隆坝、阿拉克硕诸土司地。" ②膏稷，郭璞曰："言味好皆滑如膏。《外传》曰：'膏粢之子，菽豆粢粟也。'" ③播琴，郭璞曰："播琴犹播殖，方俗言耳。" ④灵寿，郭璞曰："木名也，似竹，有枝节。"参见北1-6注②。

【译文】西南黑水之间，有都广野，后稷葬在这里。这里有膏菽、膏稻、膏黍、膏稷，百谷在这里自然生长，冬夏都能播种。鸾鸟自在地歌唱,凤鸟自在地起舞,灵寿开花结果,草木汇集丛聚。这里有百兽成群,和睦相处。这里的草,冬夏不死。

内-9南海之外,黑水青水之间,有木名曰若木①,若水出焉。有禺中之国。有列襄之国。有灵山,有赤蛇在木上,名曰蠕②蛇,木食。

蠕蛇

【注释】①若木,郭璞曰:"树赤华青。"②蠕,音ruǎn。

【译文】南海之外,黑水青水之间,有树木名叫若木,若水在这里发源。有禺中国。有列襄国。有灵山,有赤蛇在树上,名叫蠕蛇,吃树木。

内-10有盐长之国。有人焉鸟首,名曰鸟氏①。

【注释】①鸟氏,郭璞曰:"今佛书中有此人,即鸟夷也。"

【译文】有盐长国。有人长着鸟头,名叫鸟氏。

内-11有九丘,以水络①之:名曰陶唐之丘、有叔得之丘、孟盈之丘、昆吾之丘②、黑白之丘、赤望之丘、参卫之丘、武夫之丘③、神民之丘④。

【注释】①络,绕。　②昆吾之丘,郭璞曰:"此山出名金也。尸子曰:'昆吾之金。'"　③武夫之丘,郭璞曰:"此山出美石。"参见南2-9注②。　④神民之丘，郭璞曰："言上有神人。"

【译文】有九丘，有水围绕：名叫陶唐丘，有叔得丘、孟盈丘、昆吾丘、黑白丘、赤望丘、参卫丘、武夫丘、神民丘。

内-12 有木，青叶紫茎，玄华黄实，名曰建木，百仞无枝，有九欘①，下有九枸②，其实如麻，其叶如芒③，大皞④爰过，黄帝所为⑤。有窫窳，龙首，是食人。有青兽，人面，名曰猩猩。

【注释】①欘（zhú），郭璞曰："枝回曲也。"　②下有九枸，郭璞曰："根盘错也。"　③芒，郭璞曰："芒木似棠梨也。"④大皞，即太皞，伏羲氏。　⑤黄帝所为，郭璞曰："言治护之也。"

【译文】有一种树，青色的叶，紫色的茎，黑色的花，黄色的果实，名叫建木，高百仞却没有分枝，有九欘，下有九枸，果实像麻，叶子像芒，大皞在这里经过，黄帝看管着它。有窫窳，长着龙头，会吃人。有青色的兽，长着人的面孔，名叫猩猩。

内-13 西南有巴国①。大皞生咸鸟，咸鸟生乘厘，乘厘生后照，后照是始为巴人。有国名曰流黄辛氏②，其域中方三百里，其出是尘土③。有巴遂山，渑水出焉。

【注释】①巴国，郭璞曰："今三巴是。"　②流黄辛氏，郭璞曰："即鄩氏也。"鄩氏在内西-6。　③出是尘土，杨慎曰："出是尘土，言其地清旷无嚣埃也。"亦有以"塵土"为"塵"之误者。

【译文】西南有巴国。大皞生咸鸟，咸鸟生乘厘，乘厘生后照，后照开始成为巴人。有国名叫流黄辛氏，地域方圆三百里，外出所见是尘土。有巴遂山，渑水在这里发源。

内-14又有朱卷之国。有黑蛇，青首，食象①。

【注释】①"有黑"三句，郭璞曰："即巴蛇也。"

【译文】又有朱卷国。有黑蛇，青色的头，吃象。

内-15南方有赣巨人①，人面长臂，黑身有毛，反踵，见人笑亦笑，唇蔽其面，因即逃也。

【注释】①赣巨人，郭璞曰："即枭阳也。"枭阳在内南-5。

【译文】南方有赣巨人，长着人的面孔，手臂很长，身体黑色有毛，脚跟反向而长，见人笑也跟着笑，嘴唇遮住面孔，借机逃跑。

内-16又有黑人，虎首鸟足，两手持蛇，方啗之。

【译文】又有黑人，长着虎头鸟脚，两手拿着蛇，正在吃。

黑人

内-17有嬴民，鸟足。有封豕①。有人曰苗民。有神焉，人首蛇身，长如辕②，左右有首，衣紫衣，冠旃③冠，名曰延维④，人主得而飨食之，伯天下⑤。有鸾鸟自歌，凤鸟自舞。凤鸟首文曰德，翼文曰顺，膺文曰仁，背文曰义，见则天下和。又有青兽如菟，名曰菌狗。有翠鸟。有孔鸟^⑥。

封豕

【注释】① 封豕，郭璞曰：
"大猪也，羿射杀之。" ②"有
神"三句，郭璞曰："大如车毂，泽
神也。" ③旃，音zhān。 ④延维，
郭璞曰："委蛇。" ⑤"人主"两
句，郭璞曰："齐桓公出田于大泽，
见之，遂霸诸侯。亦见庄周，作朱
冠。"伯，通霸。 ⑥孔鸟，郭璞曰："孔雀也。"

【译文】有赢民，长着鸟脚。有封豕。有人叫苗民。有
神长着人头蛇身，长如车辕，左右有头，穿紫衣，戴旃冠，名
叫延维，人主得到它拿来祭祀，可以称霸天下。有鸾鸟自在
地歌唱，凤鸟自在地起
舞。凤鸟头上的花文是
"德"字，翅膀上的花纹
是"顺"字，胸口的花纹
是"仁"字，背部的花纹
是"义"字，它的出现预
示着天下和平。又有青

延维

色的兽像菟，名叫菌狗。有翠鸟。有孔鸟。

^{内-18}南海之内有衡山^①。有菌山。有桂山^②。有山名
三天子之都。

【注释】①衡山，郭璞曰："南岳。" ②"有菌"两句，郭璞
曰："或云衡山有菌桂，桂员似竹，见《本草》。"

【译文】南海之内有衡山。有菌山。有桂山。有山名叫

三天子都。

內-19南方苍梧之丘，苍梧之渊，其中有九嶷山，舜之所葬，在长沙零陵界中①。

【注释】①"南方"五句，郭璞曰："山今在零陵营道县南，其山九溪皆相似，故云九疑。古者总名其地为苍梧也。"

【译文】南方苍梧丘，苍梧渊，其中有九嶷山，舜葬在这里，在长沙零陵地界。

內-20北海之内，有蛇山者，蛇水出焉，东入于海。有五采之鸟，飞蔽一乡①，名曰翳鸟②。又有不距之山，巧倕③葬其西。

【注释】①"有五"两句，郭璞曰："汉宣帝元康元年，五色鸟以万数过蜀都，即此鸟也。" ②翳鸟，郭璞曰："凤属也。《离骚》曰：'驷玉虬而乘翳。'" ③巧

翳鸟

倕（chuí），郭璞曰："倕，尧巧工也。"

【译文】北海之内，有蛇山，蛇水在这里发源，向东流入大海。有五彩鸟，飞起来能遮蔽一乡，名叫翳鸟。又有不距山，巧倕葬在它的西面。

内-21北海之内，有反缚盗械①、带戈常倍之佐，名曰相顾之尸②。

【注释】①盗械，刑具。　②相顾之尸，郭璞曰："亦贰负臣危之类。"汪绂曰："文法古奥不可解。"指"带戈常倍之佐"六字而言。

【译文】北海之内，被刑具反绑着，带戈常倍之佐，名叫相顾之尸。

相顾之尸

内-22伯夷父①生西岳，西岳生先龙，先龙是始生氐羌，氐羌乞姓。

【注释】①伯夷父，郭璞曰："伯夷父，颛顼师，今氐羌其苗裔也。"

氐羌

【译文】伯夷父生西岳，西岳生先龙，先龙生氐羌，氐羌姓乞。

内-23北海之内，有山，名曰幽都之山，黑水出焉。其上有玄鸟、玄蛇、玄豹、玄虎、玄狐蓬尾。有大玄之山。有玄丘之民。有大幽之国。有赤胫之民。

【译文】北海之内，有山名叫幽都山，黑水在这里发源。山上有玄鸟、玄蛇、玄豹、玄虎、玄狐蓬尾。有大玄山。有玄丘民。有大幽国。有赤胫民。

內-24有钉灵之国，其民从厀已下有毛，马蹄，善走①。

【注释】①"其民"三句，郭璞曰："《诗含神雾》曰：'马蹄自鞭其蹄，日行三百里。'"

【译文】有钉灵国，这里的人从膝盖以下有毛，长着马蹄，善于奔跑。

內-25炎帝之孙伯陵，伯陵同吴权之妻阿女缘妇①，缘妇孕三年，是生鼓、延、殳②，始为侯③。鼓、延是始为锺④，为乐风。

【注释】①"伯陵"句，郭璞曰："同犹通，言淫之也。吴权，人姓名。" ②殳，音shū。 ③侯，箭靶。 ④"鼓、延"句，郭璞曰："《世本》云：'毋句作磬，锤作锺。'"

【译文】炎帝的孙子伯陵，伯陵和吴权之妻阿女缘妇私通，缘妇怀孕三年，生鼓、延、殳，开始创制箭靶，鼓、延首创了锺，创作了乐曲。

內-26黄帝生骆明，骆明生白马，白马是为鲧①。帝俊生禺号，禺号生淫梁，淫梁生番禺，是始为舟②。番禺生奚仲，奚仲生吉光，吉光是始以木为车③。少皞生般，般是始为弓矢④。帝俊赐羿彤弓素矰⑤，以扶下国，羿是始去恤下地之百艰⑥。帝俊生晏龙，晏龙是为琴瑟⑦。帝俊有子八人，是始为歌舞。帝俊生三身，三身生义均，义均是始为巧倕，是始作下民百巧。后稷是播百谷。稷之孙曰叔均，是始作牛耕。大比赤阴，是始为国。禹、鲧是始布土，均定九州。炎帝之妻，赤水之子听訞生炎居，炎居生节并，节并生戏器，戏器生祝融，祝融降处于江水，生共工，共工生术器，术器首方颠⑧，是复土穰⑨，以处江水。共工生后土，后土生噎鸣，噎鸣生岁十有二⑩。洪水滔⑪天，鲧窃帝之息壤⑫以堙洪水，不待帝命。帝令祝融杀鲧于羽郊。鲧复生禹⑬，帝乃命禹卒布土以定九州⑭。

【注释】①"黄帝"三句，郭璞曰："即禹父也。《世本》曰：'黄帝生昌意，昌意生颛顼，颛顼生鲧。'" ②"帝俊"四句，郭璞曰："《世本》云：'共鼓货狄作舟。'" ③"番禺"三句，郭璞曰："《世本》云：'奚仲作车。'此言吉光，明其父子共创意，是以互称之。" ④"少皞"两句，郭璞曰："《世本》云：'牟夷作矢，挥作弓。'弓矢一器，作者两人，于义有疑，此言般之作是。" ⑤"帝俊"句，郭璞曰："彤弓，朱弓。矰，矢名，以白羽羽之。《外传》：'白羽之矰，望之如荼'也。" ⑥"羿是"句，郭璞曰："言射杀凿齿、封豕之属也。有穷后羿慕羿射，故号此名也。" ⑦"帝俊"两句，郭璞曰："《世本》云：'伏羲作琴，神农作瑟。'" ⑧方颠，郭璞曰："头顶平也。" ⑨是复土穰，郭璞曰："复祝融之所也。"郝懿行曰："穰当为壤，或古字通用。" ⑩"噎鸣"句，郭璞曰："生十二子，皆以岁名

钉灵国

名之,故云然。" ⑪ 滔,郭璞曰:"漫也。" ⑫ 息壤,郭璞曰:
"息壤者,言土自长息无限,故可以塞洪水也。《开筮》曰:'滔
滔洪水,无所止极,伯鲧乃以息石息壤以填洪水。'汉元帝时,临淮
徐县地踊长五六里,高二丈,即息壤之类也。" ⑬ 鲧复生禹,郭璞
曰:"《开筮》曰:'鲧死三岁不腐,剖之以吴刀,化为黄龙'也。"
⑭ "帝乃"句,郭璞曰:"鲧绩用不成,故复命禹终其功。"

【译文】黄帝生骆明,骆明生白马,白马就是鲧。帝俊
生禺号,禺号生淫梁,淫梁生番禺,发明了船。番禺生奚仲,
奚仲生吉光,吉光开始用木头造车。少皞生般,般发明了弓
箭。帝俊赐给羿朱红的弓和白羽箭,用以扶助下国,羿于是
去解决下方的各种困难。帝俊生晏龙,晏龙发明了琴瑟。帝
俊有八个儿子,发明了歌舞。帝俊生三身,三身生义均,义均
就是巧倕,教给百姓各种技艺。后稷播种百谷。稷的孙子叫
叔均,发明了用牛耕作。大比赤阴开始建立国家。禹、鲧开
始划分疆土,定为九州。炎帝的妻子,赤水子听訞生炎居,炎
居生节并,节并生戏器,戏器生祝融,祝融下住在江水,生共
工,共工生术器,术器的头顶是平的,回到祝融的土地,呆在
江水。共工生后土,后土生噎鸣,噎鸣生了十二个分别以十
二太岁命名的儿子。洪水滔天,鲧偷窃了天帝的息壤用来堵
塞洪水,事先没有得到天帝的许可。天帝令祝融把鲧杀死在
羽郊。鲧生下禹,天帝便命禹最终划定疆土,定为九州。

附 录

上《山海经》表

　　侍中奉车都尉光禄大夫臣秀领校秘书言：校秘书
太常属臣望所校《山海经》凡三十二篇，今定为一十八
篇，已定。《山海经》者，出于唐虞之际。昔洪水洋溢，
漫衍中国，民人失据，崎岖于丘陵，巢于树木。鲧既无
功，而帝尧使禹继之。禹乘四载，随山刊木，定高山大
川。益与伯翳主驱禽兽，命山川，类草木，别水土。四岳
佐之，以周四方，逮人迹之所希至，及舟舆之所罕到，
内别五方之山，外分八方之海，纪其珍宝奇物，异方之
所生，水土、草木、禽兽、昆虫、麟凤之所止，祯祥之所
隐，及四海之外，绝域之国，殊类之人。禹别九州，任土
作贡；而益等类物善恶，著《山海经》。皆圣贤之遗事，
古文之著明者也。其事质明有信。孝武皇帝时尝有献异
鸟者，食之百物，所不肯食。东方朔见之，言其鸟名，
又言其所当食，如朔言。问朔何以知之，即《山海经》
所出也。孝宣帝时，击磻石于上郡，陷，得石室，其中有
反缚盗械人。时臣秀父向为谏议大夫，言此贰负之臣
也。诏问何以知之，亦以《山海经》对，其文曰："贰负

杀窫窳，帝乃梏之疏属之山，桎其右足，反缚两手。"
上大惊。朝士由是多奇《山海经》者，文学大儒皆读学
以为奇，可以考祯祥变怪之物，见远国异人之谣俗。故
《易》曰："言天下之至赜而不可乱也。"博物之君子，
其可不惑焉。

臣秀昧死谨上。

《山海经》序

[晋] 郭璞

　　世之览《山海经》者，皆以其闳诞迂夸，多奇怪俶傥之言，莫不疑焉。尝试论之曰，庄生有云："人之所知，莫若其所不知。"吾于《山海经》见之矣。夫以宇宙之寥廓，群生之纷纭，阴阳之煦蒸，万殊之区分，精气浑淆，自相渍薄，游魂灵怪，触象而构，流形于山川，丽状于木石者，恶可胜言乎？然则总其所以乖，鼓之于一响；成其所以变，混之于一象。世之所谓异，未知其所以异；世之所谓不异，未知其所以不异。何者？物不自异，待我而后异，异果在我，非物异也。故胡人见布而疑麜，越人见罽而骇毳。夫玩所习见而奇所希闻，此人情之常蔽也。今略举可以明之者：阳火出于冰水，阴鼠生于炎山，而俗之论者，莫之或怪；及谈《山海经》所载，而咸怪之，是不怪所可怪而怪所不可怪也。不怪所可怪，则几于无怪矣；怪所不可怪，则未始有可怪也。夫能然所不可不，可所不可然，则理无不然矣。

　　案《汲郡竹书》及《穆天子传》，穆王西征，见西王母，执璧帛之好，献锦组之属。穆王享王母于瑶池之上，赋诗往来，辞义可观。遂袭昆仑之丘，游轩辕之宫，眺锺山之岭，玩帝者之宝，勒石王母之山，纪迹玄圃之上。乃取其嘉木艳草、奇鸟怪兽、玉石珍瑰之器、金膏烛银之宝，归而殖养之于中国。穆王驾八骏之乘，右服盗骊，左骖騄耳，造父为御，奔戎为右，万里长骛，以周历四荒，名山大川，靡不登济。东升大人之堂，西燕王母之庐，南轹鼋鼍之梁，北蹑积羽之衢。穷欢极娱，然后旋归。案《史记》说穆王得盗骊騄耳骅骝之骥，使造父御之，以西巡狩，见西王母，乐而忘归，亦与《竹书》同。《左传》曰："穆王欲肆其心，使天下皆有车辙马迹焉。"《竹书》所载，则是其事也。而谯周之徒，足为通识瑰儒，而雅不平此，验之史考，以著其妄。司马迁叙《大宛传》亦云："自张骞使大夏之后，穷河源，恶睹所谓昆仑者乎？至《禹本纪》、《山海经》所有怪物，余不敢言也。"不亦悲乎！若《竹书》不潜出于千载，以作徵于今日者，则《山海》之言，其几乎废矣。

若乃东方生晓毕方之名，刘子政辨盗械之尸，王顾访两面之客，海民获长臂之衣，精验潜效，绝代县符。於戏！群惑者其可以少寤乎？是故圣皇原化以极变，象物以应怪，鉴无滞赜，曲尽幽情，神焉庾哉！神焉庾哉！盖此书跨世七代，历载三千，虽暂显于汉而寻亦寝废。其山川名号所在多有舛谬，与今不同，师训莫传，遂将湮泯。道之所存，俗之所丧，悲夫！余有惧焉，故为之创传，疏其壅阂，辟其莽芜，领其玄致，标其洞涉。庶几令逸文不坠于世，奇言不绝于今，夏后之迹，靡刊于将来；八荒之事，有闻于后裔，不亦可乎！夫蘙荟之翔，叵以论垂天之凌;蹄涔之游,无以知绛虬之腾。钧天之庭,岂伶人之所蹑;无航之津,岂苍兕之所涉。非天下之至通,难与言《山海》之义矣。呜呼!达观博物之客,其鉴之哉!